Le droit électoral guinéen

Mohamed Aly Thiam « Éric »

Le droit électoral guinéen

Préface d'Ansoumane Camara

L'Harmattan

Du même auteur

L'expérience parlementaire guinéenne, 2016.
La Cour des comptes issue de la constitution de la République de Guinée, 2016.
Le droit électoral guinéen, 2016.
Droit constitutionnel. Le pouvoir exécutif en Guinée, 2017.

Première édition

5-7, rue de l'École-Polytechnique – 75005 Paris

www.editions-harmattan.fr

ISBN : 978-2-343-21715-4
EAN : 9782343217154

Préface

Un livre consacré au droit électoral guinéen, en tant que branche du droit public régissant le domaine des élections et des opérations de vote, est désormais à la disposition des magistrats, des praticiens du droit, des partis politiques et des citoyens.

Il contient une certaine présentation de l'ensemble des textes guinéens qui traitent de la matière électorale, en particulier le code électoral et la constitution. Celle-ci fixe des règles générales et fondamentales concernant l'élection présidentielle et les élections législatives. Le code électoral, quant à lui, fournit le détail de l'encadrement juridique de toutes les élections politiques nationales et infranationales.

La législation électorale guinéenne, telle que le lecteur va la découvrir, en suivant l'itinéraire de cet ouvrage, est démonstrative du fait que la vie politique est, de plus en plus, encadrée par le droit et a pour objectif la défense du pluralisme politique et de l'alternance démocratique.

Le contentieux électoral, dont cette législation définit le cadre et la base juridiques, est complexe, car il est divisé entre les juridictions de première instance de l'ordre judiciaire et la Cour constitutionnelle.

Lorsqu'il survient, et si un principe essentiel est enfreint, l'élection est annulée ou ses résultats modifiés, voire inversés. Si, a contrario, la fraude résulte, entre autres, du bourrage d'urne, du défaut d'inscription sur les listes électorales, du vote des morts... et que l'élection a été remportée, après décompte des bulletins invalidés, avec une large ou une très large avance, le juge n'annule alors que rarement. Dans de tels cas, le juge adopte une application pragmatique des règles de droit : si l'avance est considérable, l'élection est validée, malgré la fraude, car le juge présume que le résultat d'une nouvelle élection serait identique, et, plus important la volonté des électeurs s'impose à lui.

Ces principes généraux, largement développés dans ce livre, laissent invariablement adversaires politiques, commentateurs et juristes perplexes.

Les analyses faites dans cet ouvrage entrouvrent au lecteur la possibilité d'identifier ces principes par lesquels le juge adapte et contextualise la règle électorale au particularisme des diverses élections politiques.

Lorsqu'on observe et analyse, en profondeur et sans complaisance, les requêtes introduites en contestations des élections précédentes, en partant du vieil adage latin Fraus omnia corrumpit, signifiant que la fraude corrompt tout, on se rend compte que la plus pernicieuse et la plus insidieuse de toutes les fraudes est bien la fraude électorale. Elle est funeste pour la vie de la démocratie que la constitution, par ses articles1er à 3, a placée au cœur du jeu politique pour l'exercice de la souveraineté nationale.

En effet, l'élection est à fois le système nerveux et l'appareil circulatoire sanguin du régime constitutionnel représentatif guinéen, qui postule que la souveraineté appartient au peuple qui l'exerce par ses représentants élus.

Il en découle que les pouvoirs publics agissent, pour le bien de la nation, au nom du peuple dont ils sont les représentants. Le pouvoir, dont ils sont investis, leur est délégué, à travers l'élection, par les citoyens composant le corps électoral.

Le régime constitutionnel guinéen repose sur deux colonnes principielles : la première est la norme de représentation et la seconde la norme de participation.

La constitution affirme que la souveraineté nationale appartient au peuple. Celui-ci, au moyen de la représentation nationale, l'exerce par l'intermédiaire du Président de la République et les députés à l'Assemblée nationale, élus au suffrage universel et direct.

Au plan local, l'exercice de la souveraineté procède de la logique combinant la représentation et la participation, qui consiste à associer largement le peuple et inclusivement tous les citoyens à la gestion des affaires locales.

Cette logique est réalisable au moyen de la décentralisation, qui est installée sur la fondation formée par les articles 134 à 137 de la constitution[1], en tant que système d'administration autonome, permettant aux membres d'une collectivité locale de gérer leurs affaires communes, par le biais d'organes et de ressources propres, dans l'objectif d'accroître les pouvoirs de décision d'une portion de la communauté étatique.

La représentation et la participation supposent, par conséquent, l'organisation d'élections à ce double niveau (national et infranational), reconnaissant au corps électoral la prérogative de conférer un mandat à une ou plusieurs personnes qu'il choisit.

La lecture du livre met en lumière le principe que toute élection suppose la définition du corps électoral, du mode de scrutin, du chronogramme de la compétition, de l'encadrement administratif et financier du processus électoral ainsi que du mode de contrôle de la régularité des scrutins et de proclamation de leurs résultats.

L'expérience a prouvé que pour les concurrents électoraux, tous les moyens sont bons, dès lors qu'il s'agit de remporter une élection, souvent au mépris de toute éthique et constamment en violation de la loi, y compris les manœuvres et pressions de toutes natures destinées à faire accéder le juge à leur cause.

---

[1] Modifiés par les articles 143 à 147 de la constitution de mars 2020

L'atmosphère des élections en devient délétère. La passion possessive de la victoire, coûte que coûte, embrase les différentes étapes du processus électoral. Les occasions de tricheries prolifèrent avec une vélocité et une amplitude telles que la fraude s'insinue, à peu près, à tous les stades du cycle électoral, affectant lourdement les résultats des scrutins, de manière à faire peser le doute sur leur sincérité.

La lutte contre les fraudes électorales est, dès lors, facilement compréhensible et admissible comme une mesure de prophylaxie citoyenne, d'autant que l'esprit inventif des candidats et des électeurs est d'une capacité incommensurable.

Les analyses fournies aux lecteurs soulignent l'idée selon laquelle toute irrégularité ne saurait provoquer une annulation, tout en mettant l'accent sur le fait évident que le juge devrait sanctionner toute fraude grave, quel que soit le résultat, et ne pas se limiter au regret de la dénoncer, fût-ce avec force.

Il ressort également desdites analyses que le paradoxe propre au contentieux électoral se manifeste par la situation du juge électoral, qui n'est plus, tout juste, le juge de la régularité des élections, mais, bien plus, le juge de la sincérité de l'expression du suffrage. Il faut admettre avec l'auteur que toutes les irrégularités ne sont pas susceptibles de porter atteinte à la sincérité du scrutin et qu'il existe, en réalité, un seuil de tolérance que la loi autorise au juge de fixer à partir de son office.

De ce qui précède, on peut admettre avec l'auteur que le droit électoral, s'entend de l'ensemble des règles qui déterminent l'organisation et la supervision des élections et définissent le pouvoir de suffrage et en aménagent l'exercice, sur fond de loyauté de la concurrence électorale et de l'équivalence humaine.

L'existence de ce cadre bâti par le code électoral et les compétences attribuées à la Cour constitutionnelle révèlent également que l'organisation des procédures de dévolution du pouvoir dans l'État est soumise au contrôle du juge constitutionnel, en vue d'assurer la régularité et la sincérité du suffrage.

Dans un État de droit, les contestations relatives à l'expression du suffrage, électoral ou référendaire, relèvent d'un type de contentieux spécial, le contentieux électoral, dont l'objet est de vérifier la régularité des actes et la validité des résultats de l'élection.

En suivant la logique exposée dans ce livre, deux types d'actes entrent en ligne de compte. D'un côté, ceux de l'institution chargée de l'organisation des élections, la CENI. De l'autre, ceux des candidats et des électeurs.

En pratique, le contentieux électoral désigne l'ensemble des litiges nés des protestations qui sont dirigées contre soit l'organisation (actes de l'autorité électorale), soit contre le déroulement des opérations électorales et le résultat des scrutins (actes des préposés de l'administration électorale, des candidats et des électeurs).

Dans ce contexte, le droit électoral a fait de la régularité des élections une exigence fondamentale à laquelle doit satisfaire chacune des opérations du cycle électoral.

Toutes les dispositions du code électoral et des lois organiques relatives aux élections et aux compétences de la Cour constitutionnelle en matière électorale, de la HAC et de la CENI consacrent cette exigence comme une nécessité impérieuse, visant à éliminer tout acte ou tout comportement illicite susceptible de porter préjudice à la liberté, à l'objectivité et à la sincérité du scrutin.

Au fil de la lecture, on en vient à la déduction que la sincérité du scrutin doit être recherchée non seulement à travers sa régularité externe, c'est-à-dire l'ensemble des exigences de formes et procédures liées aux opérations électorales, mais aussi à travers sa régularité interne qui a trait à la qualité de la volonté de l'électeur, selon le principe constitutionnel : ''le suffrage est universel, direct, égal et secret''.

Le droit électoral guinéen, à l'instar de nombreux droits africains, a marqué le contentieux électoral d'une empreinte originale qui le distingue, au plan normatif, aussi bien du contentieux de l'excès de pouvoir que du contentieux de pleine juridiction.

Enfin, l'auteur fait observer également que le nouveau droit électoral guinéen a connu de nombreuses et importantes innovations, qu'il est intéressant d'appréhender et mettre en application scrupuleusement. Ce à quoi j'invite le lecteur, le priant de recommander ce livre autour de lui.

Ambassadeur Ansoumane CAMARA

Introduction

La clé de voûte de la démocratie c'est l'organisation d'élections périodiques et régulières par lesquelles le peuple a la possibilité de choisir librement ses représentants.

Notre pays est à la veille d'importantes consultations électorales qui seront l'occasion d'évaluer notre avancée démocratique.

Des expériences récentes ont démontré qu'aucun pays n'a le monopole des bonnes élections ; que la puissance économique et la pratique démocratique d'un pays ne le mettent pas à l'abri de contestations électorales ; qu'aucun système électoral n'est infaillible.

En droit international il n'existe pas à ce jour de critère formel consacré au regard duquel on peut juger que des élections sont libres et régulières.

Seulement il est de notoriété que les systèmes électoraux et les lois organisant une élection font que celle-ci peut être considérée comme libre et régulière.

En fait même le caractère libre et régulier d'une consultation électorale est sujet à interprétation. Car il ne s'agit pas d'une science exacte mais d'une évaluation qui doit tenir compte autant des preuves fiables que des facteurs pouvant altérer les véritables intentions des électeurs.

Le système électoral couvre les réalités juridiques et pratiques de l'enregistrement et de l'administration des élections et les règles et les méthodes utilisées pour traduire les votes. C'est le système électoral qui détermine les gagnants et les perdants d'une élection.

Le processus électoral est donc l'enchaînement ordonné d'opérations devant aboutir au résultat de l'élection.

L'élection selon le Larousse est le choix qu'on exprime par l'intermédiaire d'un vote.

Le vote se définit comme l'expression libre de l'opinion du citoyen sur une question d'intérêt public. L'élection est le choix librement exercé par les populations, en vue de désigner les citoyens appelés à la conduite et à la gestion des affaires publiques, selon les principes de la démocratie pluraliste.

L'élection est donc l'occasion pour le citoyen d'exprimer sa volonté politique. Elle est le fondement du processus d'acquisition et de transfert du pouvoir.

Il se trouve que des irrégularités commises sciemment ou inconsciemment perturbent souvent le déroulement normal des élections donnant naissance à des contentieux qu'il est impératif de gérer avec diligence.

La gestion de ces contentieux électoraux est confiée au juge électoral.

Le juge électoral est tantôt le juge judiciaire, tantôt le juge administratif, tantôt le juge constitutionnel selon qu'il s'agisse du contentieux relatif à la liste électorale et à la répression, du contentieux de l'élection communale, locale, régionale et des conseillers nationaux, du contentieux de l'élection présidentielle, législative et référendaire.

- NOTION DE CONTENTIEUX ELECTORAL

En général, le contentieux électoral s'entend de l'ensemble des contestations soumises aux cours et tribunaux, soit globalement soit dans un secteur déterminé. Pour le Professeur Jean-Claude MASCLET « *au sens étroit, le contentieux électoral est celui qui a pour objet de vérifier l'authenticité ou l'exactitude du résultat de l'élection. Au sens large, il englobe aussi le contentieux de la liste électorale, celui des opérations préparatoires, et le contentieux répressif destiné à sanctionner les actes de fraude constitutif d'infractions pénales* »[1].

Le contentieux est également la procédure de règlement d'une réclamation ou d'une contestation électorale, c'est-à-dire la saisine des organes compétents pour le traitement des litiges relatifs au processus électoral.

Le contentieux électoral peut prendre plusieurs formes : administratif ou judiciaire.

Le processus électoral n'est pas clos avec le scrutin. Celui-ci n'est qu'une étape parmi tant d'autres dans le marathon électoral. Les résultats, tout comme le déroulement des opérations de vote peuvent être contestés et être portés devant le juge.

Les élections doivent normalement se dérouler selon des critères définis par la législation en vigueur, mais aussi au regard des normes et standards internationaux.

Le juge électoral reste et demeure le garant de la sincérité, de la transparence et de la régularité des opérations électorales, ainsi que des résultats qui en seront issus.

L'inobservation de ces critères donne droit aux compétiteurs de saisir le juge électoral selon une procédure rigoureuse et des délais très courts.

- OBJET DU CONTENTIEUX

L'objet du contentieux électoral consiste, d'une part, à vérifier la régularité des actes et la validité des résultats des élections et, d'autre part, à régler les litiges mettant en cause la régularité des processus électoraux.

Il est donc destiné à purger le scrutin de tous les vices susceptibles de discréditer la légitimité interne et internationale des élus. Il est complexe, car il est divisé

[1] J-C MASCLET, « Contentieux électoral », *in* P. PERRINEAU et D. REYNIE, *Dictionnaire du vote,* Paris, PUF, 2001, p. 251.

entre des juridictions de l'ordre judiciaire et la Cour constitutionnelle.

Lorsqu'il survient, et si un principe essentiel est enfreint, l'élection est annulée ou ses résultats modifiés, rectifies, voire inversés.

Si, *a contrario*, la fraude résulte, entre autres, d'actes comme le bourrage d'urne, le défaut d'inscription sur les listes électorales, le vote des morts...et que l'élection a été remportée, après décompte des bulletins invalidés, avec une large ou une très large avance, le juge n'annule que rarement.

Dans de tels cas, le juge adopte une application pragmatique des règles de droit : si l'avance d'un candidat est considérable, l'élection est validée, malgré la fraude, car le juge présume que le résultat d'une nouvelle élection serait identique, et, plus important, **la volonté des électeurs s'impose à lui**.

DES IRREGULARITES ELECTORALES

- Les irrégularités les plus courantes observées dans les processus électoraux :
- enregistrement laxiste, voire léger des électeurs ;
- distribution tardive et anarchique des cartes d'électeurs et des matériels et dispositifs de vote ;
- électeurs désorientés ;
- encre inappropriée ;
- matériel insuffisant (encre, bulletins de vote, Procès-verbaux, enveloppes de scrutin, enveloppes de de 100 ou de centaine, fiches de dépouillement, …);
- incompétence et irresponsabilité de certains agents électoraux (semi illettrés, autorisation de vote sans procuration, propagande ouverte pour influencer les électeurs, …)

- conditions de travail des agents électoraux inadéquates (travail sous le soleil; sans table, sans boire, ni manger, …) ;
- relations entre CENI et Administration quelque peu lacunaires ;
- personnels administratifs partisans et actifs dans l'intimidation de la population ;
- personnels administratifs peu actifs (frustrations dues à leur rôle secondaire par rapport aux commissions électorales et au fait qu'ils ne sont pas rémunérés comme elles) ;
- secret de vote non garanti (isoloirs défectueux, présence de plusieurs électeurs dans un même isoloir) ;
- propagande sur les lieux de vote ou par les agents de l'Etat aux heures de service ;
- électeurs mal préparés (texte soumis au référendum peu connu ou inconnu, méconnaissance de la procédure de vote) ;
- intimidations et diverses manipulations (obligation de sortir avec l'autre bulletin de vote, menaces verbales ou écrites, déclarations des dirigeants et leaders politiques sur les lieux du vote…) ;
- mauvaise préparation et infractions commises par les délégués des partis politiques (intimidations, port des symboles du parti sur les lieux du vote, absence d'accréditation, méconnaissance des procédures,).
- les électeurs, réticents les premiers jours, « forcés » de s'inscrire en violation du code électoral.

Ces irrégularités sont causes de contentieux.

Le contentieux des opérations préélectorales (à l'exceptions de la campagne des élections nationales) et des élections municipales sont du ressort des juridictions de premières instances.

Le contentieux de toutes les élections législatives, présidentielles relève de la compétence de la Cour Constitutionnelle, qui peut, en justifiant et sans instruction contradictoire, rejeter immédiatement les requêtes irrecevables qui ne contiennent que des griefs n'ayant aucune influence significative sur les résultats de vote. À défaut de l'instruction contradictoire, un avis est donné à l'élu ou à la liste contestée.

Un délai de huit jours francs est donné pour prendre connaissance de la requête.

Des dispositions pénales sont également prévues pour les contraventions et délits électoraux

BREF APERÇU SUR LE CADRE ET LES BASES JURIDIQUES

La procédure de contestation des élections, dont le cadre et la base juridiques sont constitués par la combinaison des normes issues des instruments juridiques internationaux, régionaux et sous régionaux, ainsi que de celles la Constitution, du Code électoral, des lois organiques relatives à la Cour constitutionnelle, à la Charte des partis, celle portant Code des collectivités locales et d'autres lois.

En effet, la mise en œuvre de la démocratie et du processus électoral ne peut se réaliser sans l'édiction de règles délimitant le cadre légal et déterminant les modalités pratiques.

En Guinée, ces règles se trouvent disséminées dans plusieurs instruments juridiques, distincts par leur nature, mais complémentaires, quant à leur finalité ; car se trouvant dans la dynamique d'une hiérarchie normée, qui établit une corrélation des unes avec les autres.

1) CADRE JURIDIQUE NATIONAL

Le cadre juridique national comprend :

- La Constitution du 22 mars 2020 ;
- Le Code électoral (Loi Organique L/2017/039 du 24 Février 2017) ;
- La loi organique L/2011/006/CNT relative à la Cour Constitutionnelle ;
- Loi organique L/91/002 du 23 décembre 1991 portant charte des partis politiques;
- La loi organique L/2018/044/AN du 05 juillet 2018 relative à la CENI
- La Loi organique L/2020/010/AN du 03 Juillet 2020 portant attributions, composition, organisation et fonctionnement de la Haute Autorité de la Communication
- Le décret D/2018/293/PRG/SGG fixant les modalités d'application de la loi organique de la Cour Constitutionnelle
- Le règlement administratif de la Cour Constitutionnelle
- Les décrets du Président de la République relatifs au processus électoral
- Les arrêtés ministériels
- Les accords politiques du 20 août 2015 et du 12 octobre 2016
- Le code de bonne conduite des partis politiques.

2) LE CADRE JURIDIQUE INTERNATIONAL

Les règles internationales proviennent de trois sources :

a. Les normes élaborées dans le cadre des Conventions à vocation universelle négociées au sein de l'Organisation des Nations Unies (ONU) :

Essentiellement, il s'agit de :

- La déclaration universelle des droits de l'homme de 1948 (articles 19 & 20) ;

- Le Pacte International relatif aux Droits Civils et Politiques (PIDCP) du 16 décembre 1966 (articles 2, 3 19, 20, 21, 22, 25)
- La Convention sur l'Élimination de toutes les Formes de Discrimination raciales 1966(CIEDER, article 4, 5,)
- La Convention sur l'Élimination de toutes les Formes de Discrimination à l'Égard des Femmes (CEDEF) du 18 décembre 1979 (article 1, 2, 3)
- La Convention relative aux droits des personnes handicapées (CDPH 2006, article 29)

b. celles négociées dans le cadre des Organisations régionales ou sous régionales comme la Communauté Economique des Etats de l'Afrique de l'Ouest (CEDEAO) ou l'Union Africaine (UA) ;

Essentiellement, il s'agit de :

- La Charte Africaine des Droits de l'Homme et des Peuples (CADHP) (1981) articles 9, 10, 11, 13;
- Charte africaine de la démocratie, des élections et de la gouvernance (2007), article 2, 3, 17;
- La charte africaine de la démocratie, des élections et de la gouvernance 2007
- Le protocole à la Charte africaine des droits de l'homme et des peuples relatifs aux droits des femmes (CADHP-PF 2003, article 9)
- La Charte Africaine de la Démocratie, des Élections et de la Gouvernance du 30 janvier 2007, article 2, 3, 17
- Le Protocole a/sp1/12/01sur la démocratie et la bonne gouvernance additionnel au protocole relatif au mécanisme de prévention, de gestion, de règlement des conflits, de maintien de la paix et de la sécurité (2001), articles1, 2, 3, 4, 5, 6, 7, 8, 9, 10.

c. les Déclarations et Engagements politiques internationaux.

Déclaration de Bamako du 3 novembre 2000 adoptée par les États membres de la Francophonie (OIF) pour une vie politique apaisée.

- Accords politiques inter-guinéens du 20 août 2015 et 12 octobres 2016 visant entre autres l'achèvement du processus électoral portant sur les élections législatives.

CHAPITRE PREMIER

Des concepts liés au processus électoral

En République de Guinée, le principe d'organiser des élections tire sa substance de l'article 2 de la Constitution qui dispose : *''La souveraineté nationale appartient au Peuple qui l'exerce par ses représentants élus ou par voie de référendum...''*

Tel est le sens du principe selon lequel la souveraineté réside essentiellement dans la nation et qu'elle est détenue par un être collectif et indivisible. Cet être, le Peuple, est distinct des individus qui composent le corps électoral.

Les contraintes attachées à l'exercice de la souveraineté nationale exigent qu'elle soit déléguée, parce que le peuple, constitué en corps politique, ne peut, en effet, délibérer, tout le temps, directement sur toutes les affaires publiques.

Il faut entendre par souveraineté tous les pouvoirs ou toutes les compétences dont la totalité fait d'un État une puissance internationalement reconnue.

Des représentants élus, dont les décisions constituent l'expression de la volonté générale, reçoivent cette mission, avec cette précision de l'alinéa 2 de l'article 2 de la Constitution ''*aucun individu, aucune fraction du peuple ne peut s'en attribuer l'exercice*'' à moins qu'il émane de cette volonté.

Dans ce cadre, le Peuple de Guinée affirme dans le préambule de la Constitution ''*son opposition fondamentale à toute forme inconstitutionnelle de prise du pouvoir, à tout régime fondé sur la dictature, l'injustice, la corruption, le népotisme et le régionalisme''*.

Sur ce point, on peut inférer de l'alinéa 3 de l'article 2 de la Constitution qui dispose : ''*le suffrage est universel, direct, égal et secret''* que le suffrage est le moyen par lequel s'opère la délégation, à des représentants élus, de l'exercice des pouvoirs définis dans la constitution, qui forment la souveraineté nationale.

En démocratie, l'expression du suffrage constitue, pour le citoyen, le premier et le plus simple des modes d'action pour participer à la gestion des affaires publiques ou pour influencer le processus décisionnel. Elle est l'acte de citoyenneté par excellence, le moyen pour faire fonctionner la démocratie et permettre que les citoyens s'approprient le processus politique, à commencer par les élections.

SECTION I : Du suffrage

Un suffrage est la déclaration ou la manifestation favorable d'un avis, d'un jugement ou d'une opinion. La décision prise par suffrage est dénommée vote. Lorsque le suffrage concerne la désignation de personnes pour les investir d'une fonction ou d'un mandat, la décision prise est une élection.

Les suffrages sont dits :

1. **exprimés** lorsqu'ils correspondent à un choix précis,
2. **blancs** quand ils n'expriment aucun choix,
3. **nuls** quand ils sont contraires à la loi électorale.

Les Types de Suffrages

1. **Suffrage restreint :** Un suffrage restreint intéresse les personnes remplissant certaines conditions : fortune, niveau d'instruction, profession...

2. Suffrage censitaire : Un suffrage censitaire est réservé aux personnes qui acquittent un certain niveau du cens, c'est-à-dire lorsqu'un seuil d'imposition ou de contribution conditionne le droit de vote ou affecte un certain nombre de voix à une personne, comme c'est le cas au sein de la Banque mondiale ou du Fonds monétaire.

3. Suffrage universel : Le suffrage universel est la conséquence du droit de vote reconnu et garanti à tous les citoyens guinéens ayant atteint l'âge électoral, c'est-à-dire dix-huit ans révolus, jouissant de leurs droits civiques et inscrits sur les listes électorales. Aucune distinction de sexe, de race, de fortune, de religion, de profession n'est faite...

4. Suffrage direct : Les candidats sont élus directement par les électeurs. En Guinée, le président de la République, les députés à l'Assemblée nationale, les Conseillers communaux sont élus au suffrage universel direct.

5. Suffrage indirect : Le Président de l'Assemblée nationale, les Conseillers régionaux et les Maires des communes sont élus au suffrage indirect

SECTION II : Le Scrutin ou régime électoral

L'élection s'oppose aux cinq (5) types traditionnels de désignation suivants :

1. l'autoproclamation,
2. l'hérédité (principe notamment de la monarchie, qui a été longtemps la seule voie d'accès au pouvoir d'État),
3. la cooptation (l'élu ou le titulaire d'une fonction choisit lui-même son successeur), **4.** le tirage au sort,

4. la nomination.

Par ailleurs, il faut distinguer l'élection — qui concerne la désignation d'une personne ou d'un groupe de personnes — du référendum ou de la consultation communale qui est une consultation au cours de laquelle les électeurs sont appelés à répondre par “oui ” ou par “non” à une question posée.

En Guinée, il existe plusieurs types de consultation politiques, dont les modes de scrutin différent : les élections législatives, présidentielles, régionales, communales et celles des sections des collectivités locales (districts et quartiers).

Ces consultations politiques populaires sont des élections au suffrage universel direct, c'est-à-dire que tous les citoyens inscrits sur une liste électorale ont le devoir constitutionnel d'y participer en votant.

Le **droit de vote** ou **droit de suffrage** est le privilège reconnu à tout citoyen de voter, c'est-à-dire d'exprimer sa volonté lors d'un scrutin, notamment :

- élire ses représentants ou ses gouvernants,
- se porter candidat,
- répondre à une question posée lors d'un référendum.

Le scrutin est la manière de réaliser un vote à l'aide soit de boules, soit de bulletin ou de formulaires à placer dans une urne ou dans une boîte virtuelle (cas du vote électronique).

Plus généralement, le scrutin est l'ensemble des opérations qui concourent à la réalisation d'une élection ainsi que la méthode par laquelle les représentants d'un peuple ou d'un ensemble de personnes (membres d'une association, d'un syndicat) sont désignés.

Dans une démocratie, le droit de vote s'inscrit dans le registre des droits fondamentaux du citoyen.

I. Les étapes techniques principales du scrutin

A– Les opérations préparatoires

Les opérations préparatoires sont une période particulièrement délicate pour la CENI (commission électorale nationale indépendante).

1. La définition de la nature du scrutin et de son coût constitue les premiers facteurs déterminants du processus électoral, les difficultés financières de l'État constituent un problème majeur, dont la solution réside assez souvent dans la bonne volonté de partenaires internationaux plus ou moins volontaires.

2. Le chronogramme qui définit les actes matériels et juridiques de la période du scrutin, suivant un agenda très précis, au jour près, de manière à se donner les moyens de le mettre en œuvre ponctuellement.

Le chronogramme lie non seulement la CENI, mais il a valeur obligatoire pour l'ensemble des acteurs électoraux, malgré les aléas qui l'entourent, notamment l'accord de la classe politique et son financement.

Il impose la consultation entre CENI, le pouvoir et les autres protagonistes pour tenir compte de tous les paramètres pouvant avoir une incidence sur les opérations électorales et les résultats du scrutin, y compris notamment la circonstance que la plupart des documents et matériels électoraux ne sont pas fabriqués ou disponibles sur place d'où la nécessité de les importer à temps et les répartir parcimonieusement dans tout le pays, souvent en urgence, donc au prix fort.

Ces facteurs, plus ou moins maîtrisés, conditionnent la sincérité de la volonté des acteurs.

Un chronogramme précis et diffusé à temps est un gage de sérieux et une source importante de la confiance de tous.

3. Le fichier électoral, pièce essentielle du scrutin, dont la fiabilité constitue une vieille revendication, garantit la participation de tous les électeurs capables, mais aussi assure une équitable répartition des voix entre les parties.

4. Les cartes d'électeur : La distribution des cartes d'électeurs doit commencer un mois au moins avant le jour du scrutin. Les cartes non distribuées sont mises à la disposition des électeurs dans les bureaux de vote le jour du scrutin.

5. La formation du personnel électoral : La formation et la sensibilisation restent des actes majeurs dans le processus électoral impliquant un vaste programme de formation, d'information, de sensibilisation au bénéfice des animateurs électoraux de la CENI, des associations et même des partis politiques.

La formation et la sensibilisation limitent les irrégularités et fraudes, élèvent le taux de participation, circonscrivent le contentieux électoral.

B – Les opérations après le scrutin : La célérité, la transparence et la sécurité des opérations électorales constituent un gage sérieux de leur acceptation. C'est pourquoi la centralisation et la publication des résultats doivent être exemptes de toute lenteur non justifiée. L'article 79, alinéa 3 du code électoral veut que le dépouillement intervienne sans désemparer dans le bureau de vote, c'est-à-dire immédiatement après la clôture du scrutin.

Les résultats des bureaux de vote sont ainsi communiqués sans délai à la commission administrative de centralisation des votes de chaque circonscription qui les centralise pour la CENI. Celle-ci proclame les résultats provisoires et les transmettre à la Cour constitutionnelle, qui annonce solennellement les résultats définitifs.

SECTION III : Les types de scrutins en Guinée

Scrutin majoritaire

Le **scrutin majoritaire** est le mode d'élection le plus ancien et celui qui est actuellement pratiqué en Guinée pour l'élection du Président de la République et des députés au scrutin **uninominal** (choix d'un seul nom, article 131 du code électoral).

Dans **le scrutin uninominal à un tour,** le candidat qui obtient le plus grand nombre de voix emporte le siège. Dans ce mode, qui a l'avantage de la simplicité, la représentation géographique des partis influence considérablement le résultat final, dans la mesure où un petit parti, très bien, implanté peut être représenté, mais aussi où un grand parti, ayant obtenu le plus de voix au plan national, peut se voir privé de sa victoire, parce que ses suffrages sont trop dispersés.

Dans **le scrutin uninominal à deux tours,** en Guinée (art. 31 et 32 Constitution ; art. 183, al.2, code électoral), l'obtention de la majorité absolue des voix détermine la victoire au premier tour, soit plus de la moitié des votants.

Certains systèmes fixent ce seuil en relation avec le nombre d'électeurs inscrits et non en considération du nombre de votants. Dans tous les cas, faute d'avoir atteint ce seuil, un second tour est organisé, mettant en compétition les deux candidats les mieux placés au premier tour.

L**e scrutin uninominal à deux tours** ouvre la possibilité de conclure des alliances pour le second. À cette occasion, les petits partis peuvent s'entendre avec d'autres partis pour obtenir des élus, dans les localités où ils sont forts, en échange d'un report de voix ailleurs. En revanche, ceux qui ne souscrivent pas d'alliance sont souvent privés de toute représentation.

Scrutin proportionnel

Le scrutin proportionnel permet que les élus (députés, conseillers régionaux et conseillers communaux...) reflètent le plus équitablement possible la diversité des opinions des électeurs.

Chaque parti politique présente une liste de candidats au suffrage. Les sièges sont attribués à chacune des listes, en divisant le nombre de voix obtenues par le quotient électoral qui représente le nombre de voix nécessaires pour obtenir un siège.

Les sièges restants à pourvoir sont déterminés selon une méthode préalablement fixée ; exemple : la méthode du plus fort reste ou la méthode de la plus forte moyenne.

Le calcul du quotient électoral :

Pour déterminer le nombre de sièges obtenus par chaque liste, il faut d'abord calculer le quotient électoral, c'est-à-dire établir le rapport entre le nombre de suffrages exprimés et le nombre de sièges à pourvoir.

Le quotient électoral s'obtient alors en divisant le nombre de suffrages exprimés par le nombre de sièges à pourvoir.

Compte tenu de la condition prévue par la loi, qui veut que, pour qu'une liste soit admise à la répartition des sièges, elle obtienne au moins 5 % des suffrages exprimés, il faut en fait calculer le "quotient utile ", c'est-à-dire effectuer l'opération sur la base des suffrages exprimés représentant le total des voix obtenues par les listes admises à la répartition des sièges.

En Guinée, le nombre de sièges à pouvoir étant 114 ; si nous considérons que le nombre de suffrages valablement exprimés est de 4 500 000 voix, le quotient électoral utile sera donc de 4 500 000 voix divisées par 114 sièges : soit 39473,6842, le nombre de voix nécessaire à une liste pour obtenir un siège.

Attribution des sièges au quotient : Autant de fois, les listes ont obtenu ce quotient de 39473,6842, autant de fois un siège leur est attribué.

La liste A obtient : 1 342 105 voix, soit 34 sièges
La liste B obtient : 1 223 684 voix, soit 31 sièges
La liste C obtient : 868 421 voix, soit 22 sièges
La liste D obtient : 552 631 voix, soit 14 sièges
La liste E obtient : 394 736 voix, soit 10 sièges

Soit au total 111 sièges attribués. Il reste donc 3 sièges à pourvoir.

1. **Attribution des sièges restants à la plus forte moyenne ou au plus fort reste** :

L'attribution des sièges restants peut s'effectuer soit selon la "*règle de la plus forte moyenne*", soit selon la "*règle du plus fort reste* ".

2. **Attribution des sièges restants selon la règle de la plus forte moyenne** (représentation proportionnelle à la plus forte moyenne) : On ajoute fictivement, à chaque liste, un siège à ceux qui lui ont été attribués au quotient. On divise ensuite le nombre de voix recueillies par le nombre de sièges ainsi obtenu.

Cette opération donne une moyenne ; la liste qui a la plus forte moyenne obtient le premier siège non pourvu. La procédure est reprise jusqu'à épuisement des sièges restants à pourvoir.

3. **Attribution des sièges restants selon la règle du plus fort reste** (représentation proportionnelle au plus fort reste) :

Les sièges restants sont attribués à la liste pour laquelle le reste est le plus grand, lors de la division du nombre de suffrages exprimés obtenu par le quotient électoral.

Avantages et inconvénients

1. Le mode de **scrutin majoritaire**, par son effet d'amplification des victoires, présente l'avantage de désigner une majorité stable, en mesure de gouverner, sans partage. Cependant, son principal défaut est de ne pas conférer à l'Assemblée désignée une représentation fidèle de la configuration du paysage politique.

2. Le mode de **scrutin proportionnel** est plus juste et plus démocratique. Cependant, il couve, surtout en régime parlementaire, le risque de générer une instabilité gouvernementale. Les partis, pour gouverner, doivent souvent entrer en alliances ou en coalitions avec d'autres formations politiques, afin d'obtenir une majorité parlementaire. Le jeu des coalitions peut révéler de petits

partis "charnières" jouant un rôle primordial, plus important que leur poids réel, pour la constitution d'une majorité parlementaire.

Le vote utile

Dans une élection, on appelle "*vote utile*" un vote que l'on considère comme le *plus efficace* pour vaincre un candidat que l'on ne souhaite pas voir élire. Il ne tient pas nécessairement compte des convictions politiques profondes des électeurs. C'est une tendance que l'on rencontre chez une partie des électeurs dans les systèmes où règne un bipolarisme de fait. Les électeurs ne votent pas pour le courant politique le plus proche de leur sensibilité, mais pour le parti dominant le plus à même de battre le parti adverse dont ils redoutent l'élection.

Le vote utile donc est un vote pour le "***moins mauvais***" et non pour le "***meilleur***" des candidats. Il tient compte des prévisions de résultat, notamment des sondages, pour un scrutin donné. Aux États-Unis, l'expression utilisée est "***tacticalvoting***".

Dans une élection à deux tours, où seuls deux candidats sont retenus pour le second tour, le vote utile consiste, pour l'électeur qui le pratique, à ***ne pas gaspiller sa voix*** pour un candidat qu'il imagine n'avoir aucune chance d'accéder au deuxième tour, même si c'est celui qu'il préfère.

Le désintéressement aux élections est l'affirmation de leur inutilité et aboutit à faire le jeu de ceux qui voudraient les supprimer ou instaurer le despotisme, surtout que certains rêvent de la bonne vieille dictature en décrépitude depuis la fin de la guerre froide.

Voter demeure, pour le citoyen, l'unique possibilité de s'offrir le moyen de choisir ses dirigeants ou représentants, ceux qui sont dignes de sa confiance et sont porteurs de ses espoirs.

Toutes les élections sont importantes, la présidentielle comme les législatives, les régionales comme les communales. Chacune d'elles porte sur une part importante des pouvoirs politiques, des décisions et actes de gestion des affaires publiques.

S'abstenir de voter, c'est abandonner à d'autres la prérogative de décider pour soi. C'est se priver du moyen le plus simple de peser sur le destin commun. C'est, *in fine*, violer l'alinéa 2 de l'article 22 de la Constitution.

CHAPITRE II

Le juge électoral guinéen face à la gestion du contentieux électoral

Notion de contentieux électoral

En général, le contentieux électoral s'entend de l'ensemble des contestations soumises aux cours et tribunaux, soit globalement, soit dans un secteur déterminé. Pour le Professeur Jean-Claude MASCLET « *au sens étroit, le contentieux électoral est celui qui a pour objet de vérifier l'authenticité ou l'exactitude du résultat de l'élection. Au sens large, il englobe aussi le contentieux de la liste électorale, celui des opérations préparatoires, et le contentieux répressif destiné à sanctionner les actes de fraude constitutifs d'infractions pénales* »[1].

Consubstantiel aux élections, le contentieux électoral est la procédure de contestation des élections, dont le cadre et la base juridiques sont constitués par la combinaison des normes issues des instruments juridiques internationaux, régionaux et sous régionaux, ainsi que de celles la Constitution, du Code électoral, des lois organiques relatives à la Cour constitutionnelle, à la Charte des partis, celle portant Code des collectivités locales et d'autres lois.

---

[1] J-C MASCLET, « Contentieux électoral », *in* P. PERRINEAU et D. REYNIE, *Dictionnaire du vote,* Paris, PUF, 2001, p. 251.

L'objet du contentieux

L'objet du contentieux électoral consiste, d'une part, à vérifier la régularité des actes et la validité des résultats des élections[1] et, d'autre part, à régler les litiges mettant en cause la régularité des processus électoraux[2]. Il est donc destiné à purger le scrutin de tous les vices susceptibles discréditer la légitimité interne et internationale des élus.

Il est complexe, car il est divisé entre des juridictions de l'ordre judiciaire et la Cour constitutionnelle.

Lorsqu'il survient, et si un principe essentiel est enfreint, l'élection est annulée ou ses résultats modifiés, voire inversés. Si, *a contrario*, la fraude résulte, entre autres, du bourrage d'urne, du défaut d'inscription sur les listes électorales, du vote des morts... et que l'élection a été remportée, après décompte des bulletins invalidés, avec une large ou une très large avance, le juge n'annule que rarement. Dans de tels cas, le juge adopte une application pragmatique des règles de droit : si l'avance d'un candidat est considérable, l'élection est validée, malgré la fraude, car le juge présume que le résultat d'une nouvelle élection serait identique, et, plus important la volonté des électeurs s'impose à lui.

Ces principes généraux, largement développés dans ce livre **Droit électoral guinéen**, laissent invariablement adversaires politiques, commentateurs et juristes perplexes.

En effet, lorsqu'on observe et analyse, en profondeur et sans complaisance, les requêtes introduites en contestations des élections précédentes, en partant du vieil adage latin *fraus omnia corrumpit,* signifiant que **la fraude corrompt**

---

[1] J-C MASCLET, Droit électoral, Paris, PUF, 1989, p.309, cité par D. F. MELEDJE, « Le contentieux électoral en Afrique », Pouvoirs, N° 129, 2009, p.139.

[2] D. F. MELEDJE, « Le contentieux électoral en Afrique », Pouvoirs, N° 129, 2009, p.139

tout, on se rend compte que la plus pernicieuse et la plus insidieuse de toutes les fraudes est bien la fraude électorale. Elle est funeste pour la vie de la démocratie que la constitution, par ses articles1^{er} à 3, a placé au cœur du jeu politique quant à l'exercice de la souveraineté nationale.

Dans un État de droit, les contestations relatives à l'expression du suffrage, électoral ou référendaire, relèvent d'un type de contentieux spécial, le contentieux électoral, dont l'objet est énoncé plus haut.

i. Des types d'actes entrant en ligne de compte dans l'examen du contentieux électoral

Deux types d'actes entrent en ligne de compte dans l'examen du contentieux électoral. D'un côté, ceux de l'institution chargée de l'organisation des élections, la CENI. De l'autre, ceux des candidats, des électeurs et d'autres acteurs du processus électoral, tels la presse et les médias.

En pratique, le contentieux électoral désigne l'ensemble des litiges nés des protestations qui sont dirigées contre soit l'organisation (actes de l'autorité électorale), soit contre le déroulement des opérations électorales et le résultat des scrutins (actes des préposés de l'administration électorale, des candidats et des électeurs).

Dans ce contexte, le droit électoral a fait de l'égalité de traitement des électeurs et des candidats, de la régularité et de la transparence des élections une exigence fondamentale à laquelle doit satisfaire chacune des opérations du cycle électoral.

Toutes les dispositions du code électoral et des lois organiques relatives aux élections et aux compétences de la Cour constitutionnelle en matière électorale, de la HAC et de la CENI consacrent cette exigence comme une nécessité impérieuse, visant à éliminer tout acte ou tout comportement illicite susceptible de porter préjudice à la liberté, à l'objectivité et à la sincérité du scrutin.

Au fil de ce qui va suivre, on en vient à la déduction que la sincérité du scrutin doit être recherchée non seulement à travers sa régularité externe, c'est-à-dire l'ensemble des exigences de formes et procédures liées aux opérations électorales, mais aussi à travers sa régularité interne qui a trait à la qualité de la volonté de l'électeur, selon le principe constitutionnel : *''le suffrage est universel, direct, égal et secret''*, ayant pour corollaire la règle *''un homme, une voix''*.

Le contentieux électoral se fonde sur le postulat que l'élection est un long processus commençant par l'élaboration des règles du jeu électoral et se terminant par la proclamation des résultats. Entre ces deux étapes décisives, une série de conflits peut surgir entre les protagonistes, faisant de l'existence de voies de recours une condition sine qua non de la validité de toute élection. Les voies de recours doivent être efficaces, efficientes, économes rapides et s'exercer devant un organe juridictionnel indépendant.

Elles doivent permettre aux différents participants à l'élection de saisir un organe juridictionnel, afin de sanctionner une violation du droit électoral. La théorie de P. GARRONE, enseigne que toute loi sans sanction judiciaire n'est que « *lex imperfecta* »[1], c'est-à-dire *''loi imparfaite''*.

Si les contentieux soulevés pendant les diverses opérations électorales ne sont pas traités rapidement et correctement, ils peuvent affecter la phase suivante et même tout le reste du processus électoral. Leur traitement nécessite donc une célérité du règlement du litige. À cette fin, trois mesures sont nécessaires :

- conférer compétence à des juridictions indépendantes ;

---

[1] Patrick GARRONE, « Le contentieux électoral questions de fond », UNIDEM, avril 2009.

- fixer un délai relativement court pour trancher les litiges soumis ;
- et, enfin, la crédibilité des décisions qu'il convient de revêtir d'une autorité certaine.

Le règlement urgent de ces contestations est un préalable à la poursuite des opérations électorales et de l'appréciation de leur régularité, leur fiabilité, leur gestion et la légitimité des résultats.

La consécration du contentieux électoral participe, sans nul doute, à la légitimation des élections. C'est pourquoi, le droit électoral guinéen, à l'instar de nombreux droits africains, a marqué le contentieux électoral d'une empreinte originale, qui le distingue, au plan normatif, aussi bien du contentieux de l'excès de pouvoir, que du contentieux de pleine juridiction.

La gestion du contentieux préélectoral

La phase préélectorale comporte l'exigence d'une approche inclusive, afin d'anticiper le contentieux et de prévenir les conflits relatifs à l'organisation des opérations électorales, au déroulement de la campagne électorale et au scrutin.

La réalisation des opérations préélectorales nécessite la transparence. Elle est délicate par cela qu'elle implique non seulement la prise d'un certain nombre d'actes juridiques de mise en œuvre de mesures légales et réglementaires, concernant plusieurs opérations matérielles, telles que la réunion du matériel de vote, la mise en place de diverses commissions administratives (CARLE et CACV)[1] et des bureaux de vote, etc.

Au cours de cette période charnière, quand bien même des dispositions seraient prises à l'effet d'éviter des

[1] Commissions administratives de révision des listes électorales et commissions administratives de centralisation des votes

dysfonctionnements, dès la campagne électorale et, encore plus, le jour du scrutin, des contestations sont susceptibles de surgir.

Pour les gérer, il importe d'observer rigoureusement la transparence, pour éviter que ces contestations ne dégénèrent pas en crise ou en conflit violent. Ces contestations pour l'essentiel sont inhérentes au rôle des organes de gestion des élections (OGE), au déroulement de la campagne électorale et au vote.

La maîtrise de la gestion de cette phase de l'élection commence nécessairement par une régulation cohérente permettant la rationalisation du cadre de l'intervention des OGE, soutenue par un suivi vigilant et ponctuel du bon déroulement de la campagne électorale et du vote et, dans un troisième temps, et par un rapide règlement du contentieux préélectoral assuré avec célérité par les juridictions compétentes, dans l'objectif d'imprimer aux opérations électorales une continuité normale du déroulement des phases successives.

La CENI organe de gestion des élections

Le choix de la République de Guinée pour le choix d'une Commission électorale nationale indépendante procède du souci de définir clairement la nature, la place et le rôle de l'organe de gestion des élections, quant à deux fonctions :

- l'organisation proprement dite de l'ensemble du processus électoral ;
- la supervision des opérations successives conduisant au scrutin par un organe doté du statut d'autorité administrative indépendante.

En faisant le choix de la CENI, la Guinée fait face au problème récurrent de la crédibilité et de l'efficacité de son organe de gestion des élections. Ce problème ne concerne pas le mode de désignation de ses membres, mais également leur profil. Les uns sont issus paritairement des partis politiques (oppositions et mouvance), d'autres de la société civile et d'autres encore de l'administration.

La CENI est investie de deux rôles consistant à assurer et garantir :

- le respect strict de l'égalité entre les électeurs et les candidats ;
- la liberté d'expression, de réunion et de manifestation des partis politiques en lice.

Le contentieux de l'égalité

Dans le chapitre III de cet ouvrage qui rappelle les principes généraux de droit électoral guinéen, le caractère universel du suffrage est présenté comme la condition nécessaire à la validité des scrutins et comme conséquence de la notion d'équivalence humaine ou d'égalité des citoyens, qui écarte toute forme de discrimination et qui fait de la démocratie un véritable contrat politique et social, passé entre la communauté des citoyens et ses dirigeants.

Le contentieux de l'égalité résulte de la fiabilité ou non de l'établissement des listes qui doit être fondé sur la double règle d'équivalence humaine et d'égalité des citoyens.

Les divers aspects qui caractérisent l'égalité en matière électorale sont exposés dans la section III du chapitre II de cet ouvrage.

Le contentieux de la liberté des électeurs et candidats

La garantie de la liberté pour chaque électeur

- d'exprimer ses idées, son opinion, son choix, sans influence et sans entrave ;
- de donner, recevoir l'information d'accéder à la presse et aux médias sans autres restrictions que celle de la loi ;

- de se réunir, s'assembler, circuler et manifester, pour faire campagne ;
- d'accéder au bureau de vote ;
- d'accomplir les formalités de vote.

Le contentieux de la liberté électorale comprend également la libre formation de la volonté de l'électeur, la procédure de libre vote et de libre observation du comptage des résultats proclamés.

L'interdiction ou la répression de certaines activités des candidats ou des partis d'opposition au cours du processus électoral, suscite un contentieux qu'il convient de maîtriser dans l'intérêt de la poursuite du processus électoral.

Le respect et l'application scrupuleuse du principe de légalité des actes de l'administration publique sont le moyen de prévention efficace de l'ensemble du contentieux préélectoral.

L'ensemble du processus électoral nécessite un contrôle rigoureux et fiable, d'où la généralisation de la supervision par la CENI, de l'observation par les candidats et les entités indépendantes et de l'assistance des partenaires techniques et financiers.

Contentieux de la campagne électorale et de la proclamation des résultats

Comme les autres contentieux préélectoraux, le traitement de ceux de la campagne nécessite une célérité de la justice électorale, qui justifie la fixation de délais relativement courts et le principe de décision sans recours, assorti de l'inexistence du sursis à exécution.

Le dispositif de proclamation des résultats prévoit deux schémas : les résultats provisoires et les résultats définitifs proclamés par deux organes différents : la CENI et la Cour constitutionnelle. Ce double dispositif est une certaine forme d'appel contre les résultats provisoires.

La limitation des voies de recours et les délais brefs sont de nature à faciliter la disponibilité et la crédibilité des résultats et à conférer la légitimité des élus.

La proclamation des résultats définitifs, après les avoir purgés de toute irrégularité, est une compétence juridictionnelle conférée à la Cour constitutionnelle.

Le mode de désignation des membres de la Cour constitutionnelle peut être source de contestation de leur intégrité et de leur indépendance ou de la qualité de leurs décisions.

La détermination par le code électoral des personnes habilitées à saisir la Cour constitutionnelle, en matière électorale, qui soulève un contentieux de pleine juridiction, réservé aux seuls titulaires de droits lésés ou violés, limite l'accès au juge électoral aux seuls candidats et partis et fait échapper les recours contre les résultats des élections à l'inconvénient de l'action populaire.

Le dispositif institutionnel et procédural tend à éviter la prolongation du contentieux électoral, dont la finalité est le respect de la volonté ou du choix de l'électeur.

L'enjeu est, dès lors, de proclamer des résultats qui soient le reflet fidèle du vote de l'électeur qui confère la légitimité populaire aux autorités déclarées élues. Cette légitimité des élus préserve la paix sociale, sauvegarde l'État de droit, homologue le processus électoral et assure la stabilité du système politique.

SECTION I : de la compétence du juge

Le titre de ce chapitre pose la pertinence des relations entre le processus électoral et la gouvernance judiciaire.

Il est à préciser que la compétence du Juge, comme celle de la juridiction au sein de laquelle il accomplit son office — la Cour constitutionnelle ou un Tribunal — est définie et limitée par la loi.

En effet, la loi précise les matières sur lesquelles une juridiction, quelle qu'elle soit, peut et doit statuer. Quand donc une juridiction est saisie d'une requête, la première chose qu'elle doit faire, sa première action est de constater que l'objet et la cause du litige relèvent des attributions que la loi lui a imparties. Elle se déclare incompétente dès lors que l'affaire ou le cas n'est pas une matière que lui a dévolue la loi. Par exemple, la Cour Constitutionnelle ne peut pas statuer sur les infractions à la loi pénale.

Ensuite, en matière électorale, la loi a affecté certains contentieux aux tribunaux de première instance et aux justices de paix. Saisie de tels contentieux, la loi oblige la Cour Constitutionnelle à se déclarer incompétente.

Enfin, une juridiction ne peut se prononcer que sur l'objet et la cause pour lesquels elle est saisie. Elle répond aux seules demandes qui lui sont adressées par les parties, et seulement celles-ci, dans les strictes limites de la requête.

Ce principe fondamental de droit procédural, qui gouverne toute action en justice, est transcrit dans les dispositions du code de procédure civile, économique et administrative en ses articles 12, 13 et 14traitant de la cause et de l'objet du litige en ces termes :

``***Article 12 :*** *la cause du litige est le fait ou l'acte juridique qui sert de fondement à la demande. Elle délimite l'étendue du litige.*

``***Article 13 :*** *L'objet du litige est la chose ou le résultat que l'on cherche à obtenir par une décision de justice. Il est déterminé par les prétentions respectives des parties qui sont expressément énoncées par l'exploit introductif et par les conclusions en défense.*

L'objet du litige ne peut être modifié que par des demandes incidentes lorsque celles-ci se rattachent aux prétentions originaires par un lien de connexité suffisant.

``***Article 14 :*** *Le juge doit examiner tous les chefs de demande qui lui sont soumis. Il est tenu de statuer sur tout* *ce qui lui est demandé et seulement sur ce qui lui est demandé*''.

L'élection, dont il doit être question dans cette étude, est **l'élection politique**, à l'exclusion de toute autre consultation électorale.

L'élection politique est le fait, pour une communauté de citoyens, ayant acquis le statut d'électeurs, d'investir une ou plusieurs personnes d'un mandat ou une fonction politique.

L'élection apparaît ainsi comme le mode ordinaire de dévolution ou d'alternance du pouvoir à travers un processus de choix appelé vote ou suffrage.

Le processus électoral, qui s'entend de l'ensemble des opérations allant de l'identification des électeurs par l'intermédiaire de la liste électorale à la proclamation des résultats définitifs, en passant par les étapes de l'établissement du fichier électoral, des cartes électorales et leur distribution, de la convocation du collège électoral, de la présentation des candidatures, de l'impression des bulletins de vote, de la campagne électorale, de la répartition des matériels de vote, de l'installation des bureaux de vote, de l'expression du scrutin, du recensement des votes et de la proclamation des résultats provisoires par la CENI.

Chacune de ces étapes est génératrice d'un contentieux spécifique. Ces divers contentieux se répartissent entre les juridictions de Première instance et la Cour

Constitutionnelle. Contrairement donc à l'idée largement répandue, la Cour Constitutionnelle n'est pas le seul juge des contentieux électoraux, car en fait, il n'y a pas qu'un contentieux électoral, mais plusieurs contentieux que génèrent les différentes étapes du processus électoral.

SECTION II : Le contentieux électoral

Abordant le concept de « *contentieux électoral* », il faut préciser qu'il tire sa source de l'alliance des deux termes qui le composent, à savoir le nom « *contentieux* » et l'adjectif « *électoral* ».

Selon le Petit Larousse illustré, le mot « *contentieux* » désigne un ensemble de litiges ou de conflits non résolus entre deux parties et porté devant une autorité judiciaire ou administrative ou arbitrale.

Pour le Lexique des termes juridiques, l'adjectif « *électoral* » se rapporte à une élection, aux élections. Dans ce sens, l**e contentieux électoral est tout litige** qui naît des opérations électorales et qui est porté devant une juridiction par un électeur, un candidat, un parti politique ou une autorité publique et tendant à l'annulation des résultats de l'élection ou parfois à leur inversion ou redressement (*définition donnée par des présidents des juridictions constitutionnelles réunis à Lomé en MARS 2009)*.

Dans ce sens, l'examen des contestations survenues pendant les élections par le juge peut tendre à la rectification des procès-verbaux de manière à changer les résultats de telles élections ou à faire organiser de nouvelles élections.

Dans quelles conditions et selon quelles procédures ces litiges seront résolus ? Le contentieux électoral répond à cette question et à d'autres que soulève l'organisation des suffrages.

Le Code électoral a réparti les types de contentieux entre les juridictions de base (Justice de paix et tribunal de première instance) et la Cour constitutionnelle.

L'opinion majoritaire guinéenne attribue à la Cour constitutionnelle compétence pour connaître indistinctement de tous les types de contentieux et n'a pas admis, qu'à la suite des élections législatives de 2013, la

Cour se déclare incompétente pour certaines contestations qui lui avaient été déférées.

L'élection est un processus, c'est-à-dire un ensemble d'opérations qui s'enchaînent, s'imbriquent les unes aux autres et qui concourent à la sélection des élus. Ces opérations se réalisent avant, pendant et après le scrutin.

La loi guinéenne distingue le contentieux électoral *stricto sensu*, qui porte sur la régularité des actes concourant au vote, à la sincérité du vote lui-même et sur les diverses infractions (pénales) qui peuvent émailler le processus électoral.

Les infractions pénales commises pendant le processus électoral relèvent de la compétence des juridictions pénales ordinaires, même si les fraudes, constitutives d'infractions pénales électorales, peuvent avoir des répercussions sur le résultat de l'élection. Elles ne sont pas traitées par les juges électoraux, mais par le juge pénal.

Quand les mandats des élus nationaux ou locaux arrivent à leurs termes ou sont écourtés pour les diverses raisons que sont : la démission, la mort, l'empêchement physique ou mental, la révocation, la dissolution de l'Assemblée nationale, des conseils communaux, des Assemblées régionales, de nouvelles élections doivent être organisées pour que les nouveaux élus remplacent ceux dont les mandats sont expirés ou interrompus.

Un ensemble d'opérations administratives doit être accompli pour la mise en route du scrutin.

Ces opérations, sous la supervision de la Commission Électorale Nationale Indépendante (CENI), commencent par l'établissement ou la mise à jour de la liste des électeurs et du fichier électoral, la confection des cartes d'électeur et leur distribution.

Ensuite, la convocation du collège électoral, la création des bureaux de vote, avec l'indication de leur lieu d'installation, la réception des candidatures et leur validation.

Après suivent l'organisation de la campagne électorale, l'impression des bulletins de vote, la désignation des membres des démembrements de la CENI, l'acquisition du matériel nécessaire au déroulement du scrutin, la confection des documents électoraux, etc.

Tous ces actes qui concourent au scrutin, qui le rendent possible, mais qui le précèdent, peuvent engendrer des réclamations ou même des contestations.

La question qui surgit alors est celle savoir s'il faut apporter tout de suite des solutions aux contentieux liés à ces actes préparatoires avant le scrutin ou attendre la fin du processus pour statuer ?

Il est dans le vœu du code électoral guinéen, notamment en ses articles 14, 15, 25, 26, 27, 28, 53 que le contentieux des actes préparatoires soit tranché, étape par étape, par les juridictions d'instance (tribunal de première instance ou Justice de Paix).

Les contentieux liés à la campagne électorale sont également réglés par la Cour Constitutionnelle, au fur et à mesure qu'ils surgissent, conformément aux articles 59 à 61 du code électoral et aux articles 30 et 31 de la loi organique L/2010/006/CNT du 10 mars 2010 portant organisation et fonctionnement de la Cour constitutionnelle.

Le code électoral ne semble pas avoir clairement indiqué l'autorité chargée d'examiner le contentieux relatif aux affichages et à leurs emplacements.

La question est d'autant importante qu'elle concerne non seulement le principe du suffrage égal énoncé, à la fois, dans la constitution et le code électoral, mais à celui très important de l'égalité ontologique de tous les êtres humains figurant dans l'article 8 de la Constitution.

Cette disposition exclut toutes formes de discrimination, tant sous l'aspect des privilèges que sous celui des désavantages. Dès lors, un candidat ne peut occuper plus d'espace d'affichage et disposer de plus de panneaux publicitaires que les autres et la CENI devrait y veiller en réglementant les dimensions et les distances entre les emplacements pour le respect de la règle du traitement égal des candidats, en application des articles 46 et 49 du code électoral.

Un tel contentieux devrait être porté devant la juridiction de base qui recevrait compétence de le trancher. Un acte réglementaire d'application de l'article 46 apparaît, à cet égard, nécessaire.

C'est dans le dessein de permettre la réalisation d'élections libres, justes, transparentes et crédibles, que le code électoral a édicté des règles de procédure électorale qui définissent, de manière précise, les diverses modalités par lesquelles les suffrages sont exprimés, recueillis et comptabilisés, afin de garantir que l'électeur puisse librement extérioriser son choix, et que les résultats électoraux soient déterminés, de manière sincère, en prévenant ou limitant les effets des divers mécanismes d'une fraude électorale, source de contentieux.

Types de causes du contentieux électoral

Le contentieux électoral découle de deux types de causes. Les causes intrinsèques et les causes extrinsèques.

1. Les causes intrinsèques

Les premières sont dans la formule : ''le suffrage est *universel*, *direct*, *égal* et *secret*. Elles indiquent les caractéristiques fondamentales sans lesquelles le suffrage ne peut être valable. Ce sont des questions de fond qui imposent des obligations de résultat aux autorités électorales, que la loi engage à maintenir l'intégrité de tous les processus électoraux.

En prenant pour motifs de sa décision d'annuler le scrutin la violation du caractère *universel* ou *direct* ou *égal* ou *secret*, le juge sanctionne l'autorité chargée d'organiser les élections pour avoir violé la Constitution. Il suffit que l'une quelconque de ces caractéristiques essentielles et nécessaires vienne à manquer pour que le juge puisse, sous réserve de l'influence déterminante ou décisive, annuler le scrutin.

Les articles 65, 67, 79, 80, 81, 82, 84 contiennent les principes et règles de procédure dont la violation a une influence déterminante sur la sincérité du scrutin.

2. Les causes extrinsèques

Les secondes sont des formes ou des formalités à remplir et qui sont liés à l'expression du scrutin, qui valide l'action du citoyen quant à l'accomplissement du devoir de vote.

Lorsqu'il fonde sa décision sur ces causes pour annuler, reformer ou rectifier les résultats, le juge sanctionne soit les irrégularités découlant des opérations administratives, soit les auteurs d'actes de fraude commis à l'occasion des élections.

En Guinée, l'article 22 de la constitution fait de la participation aux élections un devoir du citoyen, soit comme électeur, soit comme candidat. Ce devoir est civique et citoyen, puisqu'il repose sur la conscience du citoyen de se conformer à la constitution et aux lois et de promouvoir les valeurs de la démocratie.

Il résulte de ce qui précède que la multiplicité des opérations électorales entraîne la pluralité des types de contentieux : le contentieux électoral proprement dit et le contentieux répressif.

La pluralité des types contentieux explique qu'ils ne relèvent pas tous de la même juridiction.

3. Compétence des juridictions de base ou d'instance

Le contentieux des inscriptions, articles25 à 27 du code électoral, relève des Justices de Paix et des Tribunaux de première instance.

L'article 110 du code [1] énonce que les contentieux relatifs aux opérations de vote des quartiers et districts, au dépouillement, à la proclamation des résultats sont réglés conformément aux articles 120 et 122 du code électoral.

Les articles 25, 26, 27, 112 du Code électoral révisé attribuent aux juridictions d'instance (Justice de paix et Tribunaux de première instance) compétence *ratione materiae* pour connaître des contentieux issus des élections communales.

Les décisions de la Justice de Paix ou du Tribunal de Première instance sont sans recours.

Le code électoral ni aucune loi ne disposent sur le contentieux né des élections régionales.

4. Compétence de la Cour Constitutionnelle

Les compétences de la Cour Constitutionnelle sont fixées par la Constitution et précisées en détail dans le code électoral et dans la loi L/2011/006/CNT du 10 mars 2011.

Sous cet éclairage, le contentieux électoral recouvre deux aspects, à savoir la régularité externe de l'élection et la régularité interne.

Dans la régularité externe, le contentieux a pour objectif de s'assurer du bon accomplissement des formes, des procédures et des opérations qui l'accompagnent. Le contrôle reste ici à la surface de l'opération électorale.

Par contre, dans la régularité interne, le juge s'assure de la validité des résultats et de la qualité des élus. Ce contrôle va droit au cœur de l'opération politique que représente l'élection.

La vérification du juge doit alors porter sur les conditions intrinsèques de l'élection telles qu'elles sont contenues dans l'alinéa 2 de l'article 2 de la Constitution : ''*le suffrage est universel, direct, égal et secret*''.

---

[1] Repris par l'article 114 de la loi organique L/2017/039/ AN du 24 février 2017, portant Code électoral révisé

Il convient de remarquer que les vérifications de régularité — externe et interne — du processus électoral ne composent pas l'ensemble du contentieux électoral. Il y a tout aussi des contentieux périphériques. En général, ceux-ci sont sans incidence décisive sur les résultats de l'élection. Ils ont trait à un ensemble d'évènements qui se produisent à l'occasion du scrutin et qui appellent des censures. Le contentieux des délits électoraux s'inscrit dans cette perspective.

À chaque étape de l'élection, avant, pendant et après, des irrégularités peuvent se commettre. Celles-ci vont de la falsification des listes électorales jusqu'aux faits de propagande mensongère, en passant par le bourrage des urnes, les erreurs dans le décompte des bulletins ou le dépassement des comptes de campagne.

De cette manière, les violences, les fraudes et les altérations à la sincérité sont toujours au rendez-vous électoral aussi bien en Afrique qu'ailleurs.

L'histoire et l'actualité montrent, en effet, que les élections, même dans les démocraties libérales établies, ne sont pas toujours conformes à l'idéal démocratique.

Mais au-delà de la perception que le juriste peut donner de la notion de contentieux, c'est-à-dire du règlement par des organes juridictionnels d'un différend, il convient de préciser qu'en matière électorale l'expression « *règlement des contentieux* » peut être saisie de façon extensive ; au point d'avoir recours à la notion de régulation électorale.

Quelle que soit l'analyse que l'on peut faire à propos de l'idée de la représentation politique, en rapport avec la démocratie, le contentieux apparaît également comme la technique qui assure, autant que possible, l'équité et la régularité de la représentation dans la démocratie électorale.

Or, il n'y a pas d'élection sans contentieux ; à moins que l'on ne choisisse d'organiser ce qu'on appelle, dans le jargon des africanistes, les « *élections sans risques* ». En effet, l'élection pluraliste est aujourd'hui indispensable pour mesurer la légitimité des gouvernants et le contentieux devient incontournable pour assurer la crédibilité de la consultation électorale.

L'existence du contentieux et la fiabilité de son mode de règlement sont une marque augurale de la légitimité des procédures de désignation des gouvernants. En d'autres termes, l'utilisation du contentieux électoral par les acteurs politiques et l'adhésion de ceux-ci à l'idée même de ce mécanisme démontrent leur maturité ainsi que celle de la population en général, et révèlent le niveau élevé de développement politique de la société.

Il vaut mieux organiser le contentieux que d'avoir recours aux violences postélectorales ; de plus, il y a lieu de s'inquiéter lorsqu'il n'y a pas de contentieux réglé selon les voies du droit. En octobre 2000, il faut se rappeler les conséquences dramatiques de la déclaration du juge électoral de Côte d'Ivoire, dans son arrêt relatif à la proclamation définitive des résultats de l'élection présidentielle : « *Aucune réclamation concernant la régularité du scrutin ou de son dépouillement n'a été présentée à la Chambre constitutionnelle dans les délais requis ; par ailleurs, que l'examen des documents électoraux ne révèle aucune irrégularité de nature à entacher la sincérité du scrutin.* » On sait ce qui est advenu, par la suite, dans ce pays avec les tentatives répétées de coups d'État militaires et, deux années plus tard, la rébellion armée.

CHAPITRE III

Rappel des principes généraux de droit électoral guinéen

L'indépendance du juge n'est pas un privilège ; elle est une garantie pour tous les justiciables et en toute matière, y compris en matière électorale, la garantie d'une justice équitable pour tous, riches et pauvres, gouvernants et gouvernés.

Le rôle et la responsabilité du juge dans la construction d'une société démocratique et dans un État de droit, lui imposent de ne céder ni à ses propres opinions politiques, ni à celles des autres acteurs de la vie publique.

Il doit s'assumer pleinement et avec rigueur, et assumer toute sa responsabilité sans complaisance, sans atermoiement et sans restriction mentale face aux intrigues politiques.

La question la plus importante sur le rôle du juge dans le processus électoral, qui fera l'objet de réflexions, portera sur le contrôle juridictionnel qu'il exerce sur le déroulement du processus électoral.

En République de Guinée, l'instauration de la démocratie et de l'État de droit est une exigence constitutionnelle qui occupe une place de choix dans le préambule de la Constitution, avec la conséquence que le corollaire de cette exigence est la tenue régulière d'élections libres, transparentes et sincères.

Dans ce sens, la Constitution de la République de Guinée, en son article 2 expose les détails de cette exigence en ces termes : ''*la souveraineté nationale appartient au Peuple qui l'exerce par ses représentants élus ou par voie de référendum. Aucun individu, aucune fraction du peuple ne peut s'en attribuer l'exercice. Le suffrage est universel, direct, égal et secret. Dans les conditions déterminées par la loi, sont électeurs tous les citoyens guinéens majeurs, de l'un et de l'autre sexe, jouissant de leurs droits civils et politiques. Les élections sont organisées et supervisées par une Commission électorale nationale indépendante. La souveraineté s'exerce conformément à la présente*

Constitution qui est la Loi suprême de l'État.''

Par cette disposition et celle de l'article 132, la Constitution attribue à la Commission électorale nationale indépendante *''l'établissement et de la mise à jour du fichier électoral, de l'organisation, du déroulement et de la supervision des opérations de vote. Elle en proclame les résultats provisoires.*

Les articles 93 et 94 de la Constitution confèrent compétence à la Cour constitutionnelle pour veiller à la régularité et à la validité des élections législatives, présidentielles et du référendum, pour en proclamer les résultats et pour statuer sur toute contestation.

Dans le respect des dispositions constitutionnelles citées ci-dessus, la loi organique L/2010/001/CNT du 22 avril 2010 portant Code électoral confie à ladite Cour le contrôle de la régularité des élections législatives, présidentielles et du référendum depuis les opérations préalables (présentation des candidatures, organisation de la campagne électorale), jusqu'aux conditions de déroulement du scrutin et la contestation de l'élection d'un élu.

La Cour statue sur la base des requêtes provenant des candidats et des partis, sur la base des documents constatant le déroulement des opérations électorales (procès-verbaux et feuilles de dépouillement notamment) et, dans ce cadre, elle peut procéder à la réformation ou à l'annulation de l'élection conformément aux articles 166 et 167 de la loi organique L/2010/001/CNT du 22 avril 2010 portant Code électoral lorsque les irrégularités sont d'une certaine nature ou ont atteint une certaine gravité pouvant influencer de manière déterminante la sincérité du scrutin.

La sincérité du scrutin implique que le résultat de l'élection soit l'exact reflet des dispositions de la loi et celui de la volonté exprimée par le corps électoral.

À titre individuel, l'électeur doit pouvoir exprimer son choix en toute liberté, à l'abri de toute pression. Mais puisque ces pressions ne sont exercées que sur les individus, elles sont très difficiles à déceler. En réalité, l'important ici, est qu'au bout du compte, l'électeur effectue librement son vote, en toute conscience, c'est-à-dire en suivant sa seule volonté, dans le respect de la loi.

La garantie de cette exigence est tributaire du respect de l'article 1er du code, reprenant in ex-extenso l'alinéa 3 de l'article 2 de la Constitution, qui dispose : ''*le suffrage est universel, direct, égal et secret*''.

Cette unique disposition contient, comme il a été dit plus haut, les principes fondamentaux de la liberté, de la sincérité et de la transparence du scrutin. La violation de ces principes cardinaux entraîne l'annulation pure et simple du scrutin du bureau de vote ou du bureau de centralisation du lieu où elle a été commise

SECTION I : Principe d'universalité du suffrage

L'article 21 de la Déclaration Universelle des Droits de l'Homme dispose que : « *Toute personne a le droit de prendre part à la direction des affaires publiques de son pays, soit directement, soit par l'intermédiaire de représentants librement choisis. Toute personne a droit à accéder, dans des conditions d'égalité, aux fonctions publiques de son pays. La volonté du peuple est le fondement de l'autorité des pouvoirs publics ; cette volonté doit s'exprimer par des élections honnêtes qui doivent avoir lieu périodiquement, au suffrage universel égal et au vote secret, ou suivant une procédure équivalente assurant la liberté du vote. »*

L'article 13 de la Charte africaine des droits de l'homme et des peuples énonce le même principe en ces termes : « *Tous les citoyens ont le droit de participer librement à la direction des affaires publiques de leur pays, soit directement, soit par l'intermédiaire de représentants librement choisis, ce, conformément aux règles édictées par la loi. Tous les citoyens ont également le droit d'accéder aux fonctions publiques de leur pays.*

Le caractère universel du suffrage affirmé dans le régime juridique électoral de la République de Guinée s'inspire de ces règles internationales adoptées par tous les États membres des Nations-Unies et les États africains.

En posant le principe que le suffrage est universel et nécessaire à la validité des scrutins, le système constitutionnel guinéen reconnaît le droit de vote à tous les citoyens, sans discrimination et repose l'organisation de tout suffrage sur la notion d'équivalence humaine ou d'égalité des citoyens. Notion d'équivalence qui fait de la démocratie un véritable contrat politique et social, passé entre la communauté des citoyens et ses dirigeants.

Le suffrage universel implique, en principe, que tout être humain, au-delà du droit de vote, est éligible. Toutefois, un certain nombre de conditions en délimitent l'exercice, à savoir :

I. Condition d'âge

i. la capacité civique est soumise, par l'article 3 du code électoral, à un âge minimal qui est 18 ans révolus ;

ii. le droit de vote doit être acquis, au plus tard, avec la majorité civile ; iii. l'éligibilité devrait de préférence être acquise au même âge que le droit de vote, mais au plus tard à 25 ans, sous réserve de fonctions particulières.

L'article 105 du titre 2 du Code électoral, relatif à l'élection du Conseil du District ou du Quartier, ne fixe pas d'âge minimum pour être éligible dans ces ''*sections des collectivités locales*''. Il dit simplement : ''*sont électeurs et éligibles tous les citoyens majeurs... jouissant de leurs droits civiques et politiques.*

En ce qui concerne l'éligibilité dans les ''*sections des collectivités locales*'', *s'agit*-il de la majorité électorale de 18 ans de l'article 3 du code électoral ou celle de la majorité civile de21 ans du Code civil ? Le législateur devrait y répondre explicitement, à moins que la Cour Constitutionnelle, saisie en interprétation, n'en donne une indication jurisprudentielle.

Il s'agit, comme l'énoncent les dispositions de la Déclaration Universelle des Droits de l'Homme et de la Charte africaine citées plus haut, d'une question de droits de l'homme fondamental pour laquelle l'Institution Nationale Indépendante des Droits de l'Homme devrait saisir la juridiction électorale.

II. Condition de nationalité

La condition de nationalité s'impose en la matière, principalement en ce qui concerne l'éligibilité. Le système juridique guinéen reconnaît à l'étranger vivant en Guinée, sous certaines conditions, le droit de participer aux élections, notamment en la seule qualité d'électeur.

L'article 4 du code électoral prévoit que les conditions dans lesquelles :

i. les étrangers naturalisés votent en République de Guinée sont fixées par l'alinéa 2 de l'article 89 du Code civil et l'article 139[1] du code électoral ;

[1] Voir article 128 du code électoral révisé

ii. les femmes ayant acquis la nationalité par le mariage dans les conditions de l'article 49 du Code civil sont électrices, conformément à l'article 53 du Code civil ;

iii. En application d'accords internationaux et sous réserve de réciprocité, les étrangers sont électeurs en République de Guinée.

III. Condition de résidence

À l'évidence, la résidence, depuis un certain temps, en est la première condition.

i. **la condition de résidence** dans la circonscription, comprise comme lieu d'habitation ou siège du principal établissement, est impérative au sens de l'article 105[1] du code électoral. Toutefois, il est remarquable que le code électoral, dans le respect de l'alinéa 3 de l'article 10 de la constitution, ne prévoie pas **la durée de la résidence.**

ii. Le droit de vote et d'éligibilité est reconnu aux citoyens guinéens résidant à l'étranger, mais assujetti à des modalités.

IV. Exclusion du droit de vote et de l'éligibilité

L'exclusion du droit de vote et d'éligibilité ne peut survenir qu'en application d'une disposition à la loi. Le code électoral guinéen, notamment dans les articles 5, 6, alinéa 2, 7, 140 (député) 168 et 171 (Président de la République) prévoit les cas d'exclusion pour motifs liés au défaut de carte électorale, à la non-inscription sur la liste électorale de la circonscription, au monopole de présentation de candidatures aux élections nationales conférées aux partis politiques, au non-acquittement des devoirs civiques, à des condamnations pénales pour des délits graves, à l'état d'incapacité physique et mentale d'assumer les charges du mandat électif .

---

[1] Voir article 10 du code électoral révisé

L'article 141 du code électoral pose les règles d'inéligibilité à l'Assemblée nationale des militaires, paramilitaires de tous grades, des magistrats, des préfets, des secrétaires généraux de préfectures et de commune, des sous-préfets et de leurs adjoints.

En outre, l'exclusion des droits politiques ou l'interdiction de se faire élire pour des motifs liés à la santé mentale sont prononcées par une juridiction dans une décision spécifique.

V. Les listes électorales

La liste électorale est le relevé nominatif de tous les électeurs recensés.

Le principe du suffrage universel est posé par la constitution guinéenne dans l'alinéa 3 de l'article 2, en ces termes : ''*Dans les conditions déterminées par la loi, sont électeurs, tous les citoyens guinéens majeurs, de l'un ou l'autre sexe, jouissant de leurs droits civiques et politiques*''.

Le code électoral apporte des précisions en son article 27 que « *sont électeurs, les citoyens âgés de 18 ans révolus au jour de la clôture de la liste électorale, jouissant de leurs droits civiques et politiques...* »

L'établissement des listes électorales est une exigence du principe que le suffrage universel est fondé sur la double règle d'équivalence humaine et d'égalité des citoyens. Subséquemment, la fiabilité des listes obéit aux conditions impératives suivantes des articles, 17, 18, 19, 20 du code électoral :

i. Le respect des délais de révision des listes fixée du 1er octobre au 31 décembre de chaque année (article 17, 19, 23, 28, 29 du code électoral révisé ;

ii. Les listes électorales sont permanentes ;

iii. Elles font l'objet des mises à jour périodiques et régulières (révision), qui sont annuelles (du 1^er^octobre au 31 décembre) ;

iv. Le tableau rectificatif est dressé à partir du 1er décembre effectué ;

v. L'arrêt et le report des modifications, au plus tard le 8 janvier de l'année ;

vi. L'inscription, la radiation, la réinscription (art. 20 à 29 du code électoral) des électeurs est possible tout le long de l'année ;

vii. Les listes électorales sont obligatoirement publiées par affichage ;

viii. La procédure administrative sujette au contrôle du citoyen (art. 30 code électoral), qui peut faire des réclamations, s'appuyant sur le fichier général des électeurs (art30, 31 du code électoral) et engager le cas échéant une procédure judiciaire pour faire corriger les inscriptions erronées.

Le code électoral n'a pas explicitement prévu une liste supplémentaire pouvant permettre aux personnes ayant changé de domicile, ou ayant atteint l'âge légal du droit de vote depuis la publication définitive de la liste, de voter. La carte d'électeur biométrique aurait pu combler cette lacune.

VI. La Carte électorale

À la suite de l'inscription, les articles 32 à 37 du Code électoral assignent à la Commission électorale indépendante la conception, l'impression et la distribution des cartes électorales, dont la détention et la présentation, le jour du scrutin est obligatoire.

Elle est la preuve de la qualité d'électeur de son titulaire et un moyen de lutte contre le vote multiple.

En vertu de l'alinéa 4 de l'article 72 du code électoral, ''*tout électeur disposant d'une carte biométrique... bénéficie..., la possibilité de voter partout où il se trouve au moment de l'élection présidentielle et celle de la liste à la proportionnelle des législatives''*. Ce bénéfice de la loi n'est pas encore en usage dans la pratique électorale guinéenne.

VII. La présentation des candidatures

Comme il a été évoqué plus haut, la présentation de candidatures individuelles ou de listes de candidats aux élections nationales (présidentielle et législatives) relève, en application des articles 3, l'alinéa 3 et 61 de la Constitution et des articles128, al.2 et 170 du code électoral, du monopole des Partis politiques.

Telle est la raison pour laquelle la présentation de candidature n'est pas soumise au système de parrainage de la tradition française. Ce système, qui requiert l'obtention d'un certain nombre de signatures, ouvre la porte à la candidature indépendante écartée par le régime constitutionnel guinéen.

La présentation de candidatures aux élections nationales est assujettie, articles 154, 171 et 192 du codc électoral, à l'obligation de dépôt d'une caution remboursée si le candidat ou le parti dépasse un certain nombre de suffrages valides (5 %).

SECTION II : Principe du Suffrage direct

Les élections des représentants du Peuple directement par l'universalité des citoyens deviennent, sous la poussée innovante du droit constitutionnel en mutation profonde en Afrique, un élément du patrimoine juridique et institutionnel commun à tout le continent.

Partout, si ce n'est uniformément, du moins à quelques nuances près, l'élection au suffrage direct concerne autant le Président de la République, les députes que les Communes, Districts et Quartiers.

Dans cette nouvelle conjoncture, les collectivités locales, telles que les définissent et les distinguent les articles 134 à 136 de la Constitution, avec l'enracinement de l'autonomie des localités urbaines, périurbaines et rurales, qui est un élément essentiel de la démocratie et de la gouvernance décentralisée, ne se conçoivent plus sans organes élus au suffrage direct, au niveau local.

Leurs diverses assemblées sont perçues comme des organes collégiaux délibérants, à l'échelle infranationale.

Si, dans le choix constitutionnel guinéen l'élection directe du Président de la République est fréquente, il faut noter que les élections législatives, communales et communautaires (quartiers et districts) souffrent d'une incurie presque totale, qui semble sans remède.

À leur sujet, des crises politiques sérieuses ont troublé la quiétude des populations. La solution de sortie de crise a consisté à organiser des négociations politiques aboutissant à des accords, dont les clauses consensuelles n'ont pas connu de mise en exécution.

Les questions en débat relèvent cependant de la compétence du juge électoral, que tout le monde ignore ou élude, peut-être parce que ces décisions sont dotées de l'effet obligatoire et exécutoire *erga omnes*.

I. La périodicité des élections

Le Pacte international relatif aux droits civils et politiques et la Charte Africaine des Droits de l'Homme et des Peuples prescrivent la règle de la périodicité des élections comme une exigence, à la fois impérative et incontournable.

L'élection présidentielle et les élections législatives, en raison du mandat de leurs titulaires, qui est de cinq (5) ans, articles 27 et 60 de la constitution, doivent se dérouler impérieusement, selon une fréquence quinquennale.

Le respect de la périodicité des élections est le moteur de l'alternance démocratique, donc source de l'énergie du renouvellement de la classe politique. Elle permet aux citoyens, par l'effet de leurs votes, d'influencer, impulser ou modifier les orientations politiques, économiques et sociales.

Les prises de position de l'opposition contre l'action des gouvernants en cours de mandats et la propagande de ceux-ci, au cours des campagnes électorales, livrent aux citoyens une masse critique d'informations sur la force et les faiblesses de politiques publiques, sur l'état et la qualité de leur réalisation, sur l'impact des programmes et projets de développement et sur l'opportunité et la pertinence des réformes à entreprendre.

Les fins de mandats sont aussi l'occasion du dépôt de bilan des gestionnaires et celle de l'exposé des visions des prétendants à la succession.

Le respect de la périodicité des suffrages est un signe évident de la vitalité de la démocratie. Or, en Guinée, s'agissant des élections infranationales, les autorités administratives et électorales ont la tendance résiliente à se soustraire de cette obligation, en arguant de motifs divers, dont le seul effet est de paralyser l'expression démocratique de la volonté des citoyens.

II. Principe de régularité et Périodicité des élections

Définissant les attributions de la Cour Constitutionnelle, l'article 1[er]de la loi L/006/CNT du 10 mars 2011 dispose : ''*... elle veille à la régularité des élections nationales et des référendums dont elle proclame les résultats définitifs. Elle est l'organe régulateur du fonctionnement et des activités des Pouvoirs législatif et exécutif et des autres organes de l'État*''.

En admettant que ''*régularité*'' est le caractère de ce qui est conforme à règle, de ce qui est ponctuel, donc de ce qui se déroule ou se produit ou survient ou encore intervient itérativement à des périodes précises, de façon naturelle ou voulue ou imposée, il s'ensuit que la périodicité des élections est comprise comme l'élément substantiel et vital de *'la régularité des élections et des référendums''*, puisqu'elle est consubstantielle à la durée et au renouvellement du mandat ou de la fonction.

Doit-on alors déduire de ce qui précède que la Cour dispose d'une autorité suffisante pour imposer aux organes concernés, spécialement la CENI, qu'ils exécutent les obligations qui leur incombent au titre des attributions que leur a dévolues la Constitution, quant à la réalisation assidue et ponctuelle de cette régularité ?

La réponse est affirmative, si l'on s'appuie, d'une part, sur le dernier alinéa de cet article qui dispose que la Cour est '' '*'l'organe régulateur du fonctionnement des Pouvoirs législatif et exécutif et des autres organes de l'État*'' " et, d'autre part, sur les articles 28 à 31 de la même loi qui fournissent des précisions détaillées sur les compétences de la Cour Constitutionnelle concernant la régularité des élections et des référendums.

Lorsqu'en particulier l'alinéa 2 de l'article 28 de la loi déclare ''*le contrôle de la régularité de ces consultations politiques s'étend à... ;* n'instille-t-il pas l'idée que cette compétence est très large, surtout que l'article 30 continue cette instillation en indiquant en son alinéa 1er que ''*la Cour Constitutionnelle intervient dans le processus électoral relatif à l'élection du Président de la République et dans la prolongation du mandat des députés''*.

Quand, en plus, à cette compétence s'ajoute celle de proroger ''*le délai d'organisation de l'élection présidentielle de 60 jours...''* prévue à l'alinéa 2 en cas de décès d'un candidat au second tour, qui se combine à celle de l'alinéa 3 relatif à la prorogation du mandat de l'Assemblée ''*en cas de circonstances particulièrement graves...* '', on arrive à la conclusion que la Cour peut aussi refuser et faire obstacle à toute volonté politique de reporter la date normale d'une consultation politique.

Une telle prérogative de la Cour, en considération du caractère impératif de la tenue périodique des élections, est admissible.

Cette conclusion, logique à bien des égards, peut-elle permettre d'admettre qu'un contentieux relatif à la périodicité des élections peut être soumis à la Cour Constitutionnelle, dont la plus importante attribution est celle d'être ''l'*organe régulateur du fonctionnement des Pouvoirs législatif et exécutif et des autres organes de l'État*'' ?

Certainement que la Cour Constitutionnelle y répondra un jour par l'affirmative, afin que cette question ne soit plus la cause de crises politiques inhibitrices et l'objet d'accords politiques utopiques, surtout que la constitution et la loi organique donnent l'effet cumulatif d'autorité de la chose jugée et d'*erga omnes,* aux décisions de la Cour constitutionnelle.

SECTION III : principe du suffrage égal

D'une manière générale, le principe d'égalité joue un rôle majeur dans la conception démocratique de l'État de droit, y occupe une place toute particulière et conditionne le respect de l'exigence de sincérité.

Le principe du suffrage égal signifie que la voix de chaque électeur vaut le même poids. En d'autres termes, le suffrage de chaque électeur pèse un poids égal à celui de tous les autres. Du reste, ce principe se résume par l'adage « *one man, one vote* », « *un homme, une voix* » qui est la formulation simple de l'égalité ontologique des êtres humains devant la loi.

Le suffrage égal est consubstantiel et intrinsèque au régime démocratique il s'ensuit que plus l'égalité démocratique est méconnue ou bafouée, plus le régime étatique s'éloigne de la démocratie vraie pour sombrer dans la dictature, la démagogie et le monolithisme.

Tout d'abord, il implique ce que l'on pourrait appeler *l'égalité des conditions de la compétition*, ce qui signifie que toutes les candidatures (individuelles ou collectives) doivent être soumises au même traitement.

Le principe « *un homme, une voix* » est sans conteste le fondement de la démocratie représentative et participative. L'article2 de la Constitution en a fait l'unique moyen d'exercice de la souveraineté nationale.

Par essence, ce principe d'égalité est, d'une manière générale, polymorphe et, naturellement, il se présente, dans le domaine qui nous concerne, sous différentes formes.

Divers aspects caractérisent l'égalité en matière électorale, ce sont :

1. l'égalité de la force électorale
2. l'égalité de décompte et
3. l'égalité des chances.

Il pourrait s'y ajouter l'égalité des résultats, relativement à la représentation proportionnelle des partis ou des sexes.

I. L'égalité de la force électorale

Dès lors que l'organisation du territoire national ne peut être réduite à une circonscription unitaire, son découpage en circonscriptions, selon un critère de répartition déterminé, s'impose. Les éléments de ce critère sont généralement la démographie et la géographie, c'est-à-dire le nombre de résidents ou ressortissants (y compris les mineurs) dans une localité ou agglomération donnée : le nombre d'électeurs inscrits, éventuellement celui des votants.

L'égalité de la force électorale s'oppose à la géométrie électorale qui sous sa forme active s'opère par la seule manifestation de volonté arbitraire des pouvoirs publics lors du découpage des circonscriptions électorales, entraînant des inégalités de représentation.

Sous sa forme passive, la géométrie électorale produit l'inégalité par le maintien, pendant une longue période, d'une répartition territoriale des sièges inchangée.

C'était le cas lors des élections de 2013, Ratoma et Kaloum ou Dixinn et Matoto, ou Siguiri et Koubia ayant le même nombre de députés uninominaux, alors que ces circonscriptions sont différemment peuplées.

Le découpage actuel des circonscriptions en Guinée prend en considération le critère géographique assis sur les seules délimitations administratives, à l'exclusion de toute considération démographique.

Il convient de faire remarquer, à ce sujet, que dans la pratique la plus répandue, s'agissant des découpages sur la base de la démographie, l'écart maximal admissible par rapport au critère de répartition dépend de chaque situation démographique. En général, il ne devrait pas dépasser 10 %, et en tout cas pas 15 %.

Le suffrage égal s'apprécie également par la liberté de chacun d'exprimer son choix, sans influence et sans entrave. Il se manifeste par la libre formation de la volonté de l'électeur, par la libre expression de cette volonté, par le caractère libre de la procédure de vote et par la réalité des résultats proclamés.

Il faut constater que ces manifestations de liberté de l'électeur fusionnent avec l'égalité des chances du candidat.

L'égalité de chance, c'est aussi la possibilité offerte à l'électeur de connaître les listes et les candidats qui se présentent aux élections, par exemple par un affichage adéquat et à temps.

L'action de particuliers, notamment par la corruption, les bourrages d'urnes, la violence et les menaces, peut faire obstacle à la libre formation de la volonté de l'électeur.

L'État a l'obligation de prévenir ou de réprimer efficacement une telle action.

À cet effet, la procédure de vote, prévue par la loi, doit être respectée par l'existence :

i. De listes fiables **ii.** de bulletins de vote portant clairement l'indication visible des noms, images et symboles distinctifs des candidats et des enveloppes de scrutin en nombres suffisants, conformément aux prescriptions de l'article 67 du code électoral ; **iii.** d'urnes transparentes dans lesquelles sont déposées les enveloppes de scrutin contenant les bulletins de vote ; **iv.** des locaux appropriés aux opérations électorales ; **v.** des isoloirs en nombre suffisant tel que spécifié par l'article 73, soit un isoloir pour 250 électeurs ; **vi.** des enveloppes de centaines en nombre également suffisant ; **vii.** de dépouillements effectués selon la procédure décrite dans l'article 79, c'est-à-dire non pas renverser le contenu de l'urne sur la table, mais ouvrir l'urne et compter les enveloppes de scrutin, une à une, les mettre par cent (100) dans une enveloppe de centaine, avant de procéder au décompte des voix.

II. Le suffrage égal donne un vote libre

En d'autres termes, la libre formation de la volonté de l'électeur est une caractéristique fondamentale du suffrage égal. Elle se traduit par le devoir de neutralité des autorités électorales, notamment en ce qui concerne :

a. la qualité et la quantité suffisante des matériels de vote ;

b. l'accès égal aux médias ;

c. l'organisation et la répartition équitable des espaces d'affiches ;

d. le droit de manifester sur la voie publique ;

e. le financement égalitaire des partis et des candidats ;

f. la sécurité de l'électeur, des lieux de scrutin, et du matériel de vote.

Elle impose également aux autorités publiques des obligations positives, consistant notamment, à :

- Soumettre ostensiblement aux électeurs les candidatures déposées, de manière à permettre à l'électeur de connaître les listes et les candidats qui se présentent aux élections, par exemple par un affichage adéquat en des lieux connus et accessibles ;
- Rendre l'information mentionnée au point précédent accessible dans les langues nationales aussi.

Les violations du devoir de neutralité et de la libre formation de la volonté de l'électeur sont sanctionnées soit par l'annulation de l'opération électorale, soit par la poursuite disciplinaire ou pénale des auteurs. Or, la faiblesse de la loi organique relative à la CENI réside dans le fait qu'elle n'a pas prévu cette sanction contre les membres fautifs ou parjures de cette institution.

La libre expression de la volonté de l'électeur s'accompagne de la lutte contre la fraude électorale par l'adoption et la mise en application d'une procédure de vote simple, se déroulant, dans tous les cas, dans un bureau de vote, avec la possibilité de le faire par procuration, suivant des règles très strictes qui le limitent aux personnes hospitalisées ou à mobilité réduite, aux détenus, aux électeurs résidant à l'étranger. Le nombre de procurations détenues par un électeur doit être strictement limité.

De même, le recours à l'urne mobile ne doit être admis qu'à des conditions strictes, permettant d'éviter son déplacement pour prévenir la fraude.

À cet égard, dix paramètres, au moins, doivent être utilisés pour juger de la justesse du vote :

- le nombre de bulletins de vote et le nombre d'enveloppes de scrutin dans un bureau doivent correspondre, l'un et l'autre, au nombre d'inscrits, augmenté de 10 % (art.67, code électoral) ;

▪ le nombre d'isoloirs par bureau ne doit pas être inférieur à deux pour répondre aux conditions de l'alinéa 1er de l'article 72 du code électoral ;

▪ le nombre d'électeurs inscrits, qui ont participé au vote, doit correspondre exactement au nombre de bulletins introduits dans l'urne ;

▪ le dépouillement et le décompte se feront, sans vider l'urne sur la table, selon la procédure des articles 79, notamment son alinéa 3, et 80 du code électoral ;

▪ le bureau de vote doit compter des membres représentant plusieurs partis et les observateurs désignés par les candidats doivent pouvoir assister aux différentes opérations des élections ;

▪ les militaires doivent voter à leur lieu de résidence lorsque cela est possible ; sinon, il est souhaitable qu'ils soient inscrits dans les bureaux de vote proches de leur caserne ;

▪ le décompte devrait avoir lieu de préférence dans les bureaux de vote suffisamment et en permanence éclairés, la présence d'observateurs indépendants nationaux et internationaux, des représentants des candidats et des médias doit être admise ;

▪ les procès-verbaux doivent être accessibles et remis en fin d'opération à ces personnes ;

▪ la transmission des résultats au niveau supérieur doit avoir lieu de manière transparente et sécurisée ;

▪ l'État doit punir toute fraude électorale

L'égalité des chances en période de campagne porte notamment sur l'accès aux médias publics, le temps de parole à la radio et à la télévision, les subventions publiques et les autres formes de soutien. Dans le respect de la liberté d'expression et de l'accès à l'information publique, la loi devrait prévoir que les médias audiovisuels privés assurent un accès minimal aux différents participants aux élections, en matière de campagne électorale et de publicité.

Le financement des partis, des candidats et des campagnes électorales doit être égalitaire et transparent. Le principe de l'égalité des chances devrait conduire à plafonner les dépenses des partis, notamment dans le domaine de la publicité.

Neutralité et impartialité de la fonction publique :

L'égalité de chances des candidats exige que les détenteurs de la puissance publique respectent l'obligation de neutralité et d'impartialité de la fonction publique.

Les procédures de vote jouent un rôle primordial dans l'ensemble du processus électoral, car c'est lors du vote et du dépouillement des suffrages qu'une éventuelle fraude est la plus probable. La mise en œuvre de pratiques démocratiques nécessite un changement de mentalité radical, notamment au sein de la CENI et de ses démembrements.

III. Rappel des différentes étapes

L'électeur ne peut pas voter sans sa carte d'électeur. Toutefois, en vertu de l'alinéa 4 de l'article72 du code électoral, il est dans le droit de l'électeur, en possession de sa carte biométrique, de voter partout où il se trouve le jour de l'élection. C'est une obligation légale impérative de la CENI de prendre, à cet effet, les mesures qui y sont nécessaires. L'opération de vote se déroule selon les étapes suivantes :

1. L'électeur se présente à la table où sont déposés les bulletins de vote et les enveloppes de scrutin. Son inscription sur les listes électorales vérifiée, il prend une enveloppe de scrutin, et un bulletin de vote de chaque liste afin de préserver la confidentialité de son choix.
2. L'électeur se rend à l'isoloir. Le passage par l'isoloir est obligatoire dans tous les cas, afin de garantir le

caractère secret et personnel du vote. Un électeur n'a pas le droit de faire état publiquement de son choix dans le bureau de vote.

3. Il se présente devant l'urne où le président du bureau (ou son suppléant) vérifie à voix haute son identité et son inscription sur la liste électorale avec les autres membres du bureau (assesseurs).

4. Le président constate que l'électeur n'a qu'une enveloppe, mais il ne doit en aucun cas la toucher. L'électeur, une fois dans l'isoloir, introduit lui-même le bulletin dans l'enveloppe, qu'il glisse dans l'urne.

5. L'électeur signe alors la liste d'émargement en face de son nom. La personne chargée de contrôler les émargements se trouve généralement à côté de l'urne afin de faciliter les opérations de vote.

6. La carte d'électeur est rendue à son détenteur une fois que l'assesseur a apposé un tampon à la date du scrutin sur l'emplacement prévu à cet effet.

Il appartient aux autorités électorales de promouvoir l'égalité de la force électorale et l'égalité de chance et de prendre des mesures pour mettre un terme à certains réflexes ou habitudes qui ont une influence négative sur les élections.

Toutes ces observations amènent à la conclusion suivante : la procédure de vote doit être simple.

La représentation équitable des différentes sensibilités politiques au sein du bureau de vote prévient et réduit la fraude.

En dernière analyse, le principe d'égalité joue un rôle majeur dans la conception démocratique de l'État de droit. Il y occupe une place toute particulière et conditionne le respect de l'exigence de sincérité du scrutin.

Par essence, ce principe d'égalité est, comme exposé supra, d'une manière générale, polymorphe et se présente sous les différents aspects décrits plus haut et implique ce que l'on pourrait appeler l'égalité des conditions de la compétition, ce qui signifie que toutes les candidatures (individuelles ou collectives) doivent être soumises au principe d'équivalence humaine.

SECTION IV : Principe du suffrage secret

Ce principe, trop souvent négligé, parce que sans doute considéré à tort comme accessoire ou secondaire, est pourtant de toute première importance.

S'appliquant " *en bout de chaîne* ", au moment décisif, c'est finalement sur lui que repose " *in extremis* " le respect de la sincérité du scrutin.

Ce n'est donc pas un hasard si la consécration, parla constitution, de ce principe s'impose à l'autorité électorale, particulièrement au juge électoral dans l'examen du contentieux électoral.

Le vote public, présenté malheureusement encore par certains comme démocratique, est pourtant réservé aux situations révolutionnaires ou aux régimes totalitaires. **Il n'est, en aucun cas, compatible avec l'État de droit.**

C'est la raison pour laquelle, conformément au principe posé à l'article 3 de la Constitution, l'article 1[er]du code électoral rappelle dans une formule sobre : ''**le suffrage est secret** !

La mise en œuvre de ce principe s'effectue par différentes techniques ou dispositifs :

Le bulletin de vote **(article 80, code électoral), est un** dispositif qui permet à l'électeur d'**exprimer son vote** et à l'autorité électorale de faire comptabiliser les suffrages. Il se présente, en général, sous la forme d'un document papier préalablement imprimé, sur lequel l'électeur indique son choix, qu'il insère dans une enveloppe (article 80 et 81, code électoral), elle-même glissée dans une urne.

L'<u>*enveloppe de scrutin*</u> (art.80 et 81, code électoral) dans laquelle l'électeur doit obligatoirement glisser son bulletin pour l'insérer dans l'urne.

L'<u>isoloir (</u>*art.73 code électoral),* petite cabine destinée à " soustraire (l'électeur) aux regards pendant qu'il met son bulletin dans l'enveloppe ". Le passage par l'isoloir est obligatoire, et si cette prescription n'est pas respectée, le scrutin pourra être annulé. Il en va de **même, lorsque l'accès à l'isoloir est entravé par la présence d'un trop grand nombre de personnes.**

— <u>***L'enveloppe de « 100 » ou enveloppe de centaine***</u> *(art. 79 du code électoral)* est, en général de format 320 x 230 mm. Elle porte les mentions Commission Électorale Nationale Indépendante et la Préfecture ou Commune, à l'angle supérieur gauche, et République de Guinée et la devise, à l'angle supérieur droit. Elle ne peut, en aucune circonstance, servir au transport des documents électoraux. Elle doit être conçue durable et bien tenue pour être réutilisable.

Se pose donc le problème du ***choix des bulletins de vote*** avant le passage dans l'isoloir. En cas de pluralité de bulletins, l'électeur doit prendre *tous* les bulletins même si cela est parfois fastidieux ou heurte sa conscience politique.

Ne prendre qu'un seul bulletin par exemple — celui que l'électeur va utiliser — est une atteinte évidente au secret du vote.

Il appartient au juge électoral d'en rappeler l'interdiction. La seule exception que l'on peut admettre, parce qu'elle ne remet pas en cause le secret du vote, c'est le choix unique effectué par l'un des candidats pour lui-même (ce qui n'est pas forcément très élégant...) ou encore par une personnalité politique aux opinions bien connues, le directeur de campagne.

Le fait, pour une personnalité politique de premier plan, de ne prendre par mégarde qu'un bulletin de vote ne rompt pas le secret du vote. Son choix est en effet de notoriété publique.

L'autorité électorale (CENI et Cour Constitutionnelle, en particulier) ne peut négliger ou ignorer toutes les formalités qu'impose le secret du vote (**isoloir, enveloppes de scrutins, bulletins de vote et enveloppes de centaine**) qui lui semblerait trop lourdes et inutiles, mais la conséquence logique de leur violation est la nullité absolue du scrutin.

In fine, le suffrage secret ou *secret du vote* est un aspect de la liberté de vote, qui vise à soustraire l'électeur à toutes les pressions qui pourraient résulter de la connaissance de son choix par des tiers. Il s'impose à toutes les étapes de la procédure, et spécialement lors du scrutin proprement dit et du dépouillement.

Il s'agit non seulement d'un droit, mais aussi, en considération de l'article 22 de la Constitution, d'une obligation pour l'électeur, qui doit être sanctionnée par la nullité des bulletins dont le contenu a été révélé.

Le vote secret implique qu'il est individuel. Le vote familial, permettant à l'un des membres de la famille de contrôler le vote des autres, est contraire au principe constitutionnel du secret du vote. Ce contrôle constitue une violation du droit électoral. Toute autre forme de contrôle d'un électeur sur le vote d'un autre est également un motif de nullité du scrutin.

I. Les garanties procédurales du secret du suffrage.

Elles sont assurées par un organe impartial, compétent pour l'application du droit électoral, établi en vertu de la loi.

La mise en application du secret du suffrage est inséparable de la conception, de la confection et de la distribution des quatre dispositifs ci-dessus qui caractérisent le scrutin secret moderne, à savoir : des bulletins imprimés par les autorités ; la réglementation de la distribution et de l'utilisation des bulletins et, finalement, un isoloir dans lequel s'effectue le vote.

À cet effet, l'organisation du scrutin, par un organe impartial compétent pour l'application du droit électoral, est inhérente à l'exigence de liberté et de sincérité des scrutins. C'est ainsi qu'en l'absence d'une longue tradition d'indépendance de l'Administration, face au pouvoir politique, la création des commissions électorales indépendantes et impartiales, au niveau national, a été recommandée dans différents instruments juridiques internationaux et régionaux.

En République de Guinée, ces recommandations ont été prises en compte dans la constitution, dont l'article 2, alinéa 5 dispose : ''*les élections sont organisées et supervisées par une Commission Électorale Nationale Indépendante*'', avec cette précision de l'article 132 : ''*La Commission Électorale Nationale Indépendante (CENI) est chargée de l'établissement et de la mise à jour du fichier électoral, de l'organisation, du déroulement et de la supervision des opérations de vote. Elle en proclame les résultats provisoires.* ''

Conformément à ces dispositions constitutionnelles, l'article 2 du code électoral apporte un complément aux compétences de la CENI en ces termes : ''*la commission Électorale nationale Indépendante est l'institution chargée de l'organisation de toutes les élections politiques et du référendum en Guinée*''.

La loi organique L/2012/016/CNT du 19 septembre 2012 portant organisation et fonctionnement de la CENI poursuit : ''*Article 1 : Il est créé en République de Guinée conformément aux articles 2 et 132 de la Constitution et à l'article 2 du Code Électoral, une institution dénommée Commission Électorale Nationale Indépendante (CENI), chargée de l'établissement et de la mise à jour du fichier électoral, de l'organisation, du déroulement, de la supervision des opérations de vote et de la proclamation des résultats provisoires. La CENI est dotée de la personnalité juridique et de l'autonomie financière. Elle a son siège à Conakry.*

La CENI est un organe collégial délibérant dont l'indépendance est affirmée comme suit dans l'article 8 de la loi organique L/2012/016/CNT : ''*Dans l'exercice de leur fonction, les commissaires de la CENI ne doivent ni solliciter ni recevoir d'instructions ou d'ordre d'aucune autorité publique ou privée, y compris de leur structure d'origine. Ils n'obéissent qu'à l'autorité de la Loi''.*

Ce principe d'indépendance est renforcé par le serment contenu dans l'article 11, ainsi formulé : ''*Avant d'entrer en fonction, tout membre de la CENI doit prêter devant la cour constitutionnelle, le serment suivant : « Moi . Je jure sur l'honneur de remplir fidèlement et loyalement mes fonctions de membre de la CENI, de n'obéir qu'à la seule autorité de la Loi, de n'exercer aucune activité susceptible de nuire à l'Independence, à la neutralité, à la transparence et à l'impartialité de la commission Électorale Nationale Indépendante (CENI) ; de garder scrupuleusement le secret des délibérations et du vote, même après la cessation de mes fonctions. En cas de parjure, que je subisse les rigueurs de la Loi* ».

L'article 15 énonce que pour délibérer, la CENI se réunit en Assemblée plénière qui ''*regroupe l'ensemble de ses membres. Elle est l'instance suprême de décisions. Le quorum pour valablement siéger est des deux tiers (2/3) de ses membres. Ses décisions sont prises à la majorité simple, en cas d'égalité de voix, celle du Président de séance est prépondérante''.*

L'observation du processus électoral doit principalement porter sur le respect par les autorités électorales de leur obligation de neutralité, d'objectivité et d'impartialité. Cette obligation tient au respect des dispositions de la loi électorale, notamment la procédure de déroulement de chaque opération, étape après étape. Cette obligation correctement exécutée a une influence décisive sur la crédibilité et l'acceptation des résultats du suffrage.

CHAPITRE IV

Existence d'un système de recours efficace

Le plein exercice du droit de l'électeur et du candidat est garanti par le recours aux juges électoraux, qui peuvent être saisis d'un recours en contentieux relatif à une opération du processus électoral.

SECTION I : Définition du Recours et Fondement constitutionnel du recours

I. Définition du Recours

On désigne par "*recours*" l'ensemble des procédures destinées à faire reconnaître les irrégularités rencontrées et leur influence pondérale sur le processus électoral. Le recours en contentieux électoral est juridiquement la possibilité de réformation, d'inversion, ou d'annulation du scrutin fondée sur un moyen de droit pour violation de la loi ou pour dénoncer les irrégularités observées dans le déroulement du cycle électoral.

Tout électeur ou candidat ou parti politique qui estime que les conditions et les formes légalement prescrites n'ont pas été remplies, peut déférer les opérations électorales à la juridiction compétente (Tribunal de première instance, Justice de paix ou Cour constitutionnelle).

II. Fondement constitutionnel du Recours

Le recours en matière électorale trouve son fondement dans l'article 2 de la Constitution. En effet, le droit de vote est consacré par l'article 2 de la Constitution du 7 mai 2010, qui dispose : « *La souveraineté nationale appartient au peuple qui l'exerce par ses représentants et par la voie du référendum* », le droit de ''*suffrage universel, direct, égal et secret*'', appartient, selon les termes du quatrième alinéa du même article et dans les conditions que détermine la loi à « *tous les citoyens guinéens majeurs de l'un et de l'autre sexe, jouissant de leurs droits civils et politiques* ».

Or, l'alinéa 2 de cet article, en affirmant : ''*aucun individu, aucune fraction du peuple ne peut s'en attribuer l'exercice*'' impose que la délégation de l'exercice de la souveraineté s'effectue par des élections régulières dans la logique du préambule de la constitution qui élève une ''*opposition fondamentale à toute forme inconstitutionnelle de prise de pouvoir…*''.

Cet article 2 pose une règle fondamentale dans le sixième alinéa en édictant que ''*la souveraineté s'exerce conformément à la présente constitution*'' en spécifiant dans le septième alinéa que : ''*toute loi, tout texte réglementaire et acte administratif contraire à ses dispositions sont nuls et de nul effet*.

À l'évidence, le but d'un contentieux électoral est soit la reformation, soit l'inversion, soit l'annulation des opérations électorales ou des résultats du scrutin.

À cet égard, les articles 33, 42, 62, 93, 94 de la Constitution (Cour constitutionnelle), 14, al.4, 15, 26, 27 du code électoral (juridictions de base : Tribunal de 1ère Instance ou Justice de Paix), 59, 61, 110, 120, 122, 133. 142, 164, 165, 167,172, 173, 174, 175, 176, 177, 184 à 187 du code électoral (cour constitutionnelle) donne compétence aux juridictions de veiller à la bonne application des règles qui encadrent le processus électoral.

SECTION II : Existence d'un recours juridictionnel en toute matière

Pour la définition du recours juridictionnel, le critère organique ne suffit pas à déterminer la nature de l'organe en cause, il faut que les garanties principales susvisées s'y attachent.

En effet, la participation d'un magistrat indépendant et impartial ne suffit pas à conférer à une commission électorale, dont il est membre, le caractère d'organe juridictionnel. Encore faut-il que l'organe en cause soit appelé à trancher une protestation ou une contestation, avec les garanties fondamentales inhérentes à tout procès : caractère contradictoire, public, motivation de la décision et éventuellement voies de recours.

À titre d'exemple, à l'occasion des opérations électorales, la commission administrative de centralisation des votes par circonscription électorale, prévue par l'article 121 du code électoral, est présidée par un magistrat de l'ordre judiciaire.

Le travail de ladite commission consiste à recueillir l'ensemble des bulletins de vote comptabilisés, les feuilles de dépouillement ainsi que les procès-verbaux dressés dans chaque bureau de vote, pour déterminer les résultats d'une circonscription électorale.

Cette commission est appelée à trancher des difficultés telles que l'écart entre le nombre de votes recensés et le nombre de signatures des votants, ou bien le décalage entre les procurations qui figurent au procès-verbal de chaque bureau de vote et le nombre de votes par procuration, enfin la question de la validité de certains bulletins comportant des mentions ou des signes en principe prohibés.

Toutes ces difficultés, lorsqu'elles ne dépassent pas le cadre de simples erreurs matérielles, sont résolues devant la commission et les solutions qu'elle retient sont placées sous le contrôle du juge de l'élection, en l'espèce, la Cour Constitutionnelle.

Cette commission, quoique présidée par un magistrat, demeure une commission administrative, dont les décisions provisoires sont purement administratives, soumises à un contrôle juridictionnel qui, lui, présente les garanties de procédure, de fond et de motivation.

Le juge électoral est le garant de l'expression libre et inaltérée du suffrage universel. Il lui revient de donner ou de ne pas donner force de vérité légale au recensement administratif des voix.

L'enjeu véritable et unique de l'élection, celui qui justifie le contrôle auquel elle est assujettie par la Constitution et des lois organiques, réside dans le fondement du droit des élus de gouverner, c'est-à-dire la légitimité démocratique, engendrée par la libre expression de la volonté des électeurs, dans des conditions d'égalité, d'être gouvernés par des personnalités librement choisies lors d'élections régulières. Ce qui implique une compétition électorale ouverte et contrôlée par des organes indépendants.

En Guinée, l'organisation et le contrôle des élections connaissent les mêmes problèmes : une impartialité douteuse, une absence de sanction des organes de gestion des élections et un bégaiement de l'alternance démocratique.

C'est pourquoi, parallèlement au contrôle juridictionnel, l'observation internationale des élections est placée au centre des exigences du droit international contemporain visant à fonder la légitimité du pouvoir politique, notamment celle du Président de la République, tributaire de la sincérité du scrutin.

Cet objectif de légitimité ne pourrait être atteint sans la reconnaissance d'un principe fondamental du service public évoqué plus haut à savoir le principe de neutralité du service public qui constitue le corollaire du principe d'égalité.

La neutralité du service public ou de la fonction publique, qui s'accompagne consubstantiellement de l'impartialité et de l'objectivité, permet d'assurer les formes suivantes d'égalités :

1. **l'égalité par la loi**, découlant du principe en vertu duquel les effets de la loi sont voulus, par endroits, inégaux pour pallier les inégalités de fait, d'où les notions d'équité et de genre ;
2. l'**égalité devant la loi**, résultant du principe selon lequel la manière d'appliquer la loi doit être la même pour tous, d'où l'adage ''*nemo censetur ignorare legem'' (*nul n'est censé ignorer la loi) ;
3. **l'égalité dans la loi** qui signifie que le contenu de la loi doit être le même pour tous, d'où le principe de non-discrimination.

La justice électorale est destinée à sauvegarder la protection de la liberté de vote du citoyen qui concrétise la dignité électorale. Celle-ci signifie que le suffrage est exempt de toute possibilité de violation de la loi, de tout acte de fraude, de représailles ou d'intimidation.

La dignité des élections nait de l'intimité d'une délibération individuelle par laquelle le citoyen émet son avis ou son choix et non celui d'autrui.

Le Juge électoral, comme l'observateur du cycle électoral, ne peut attester de la sincérité du scrutin que s'il est en mesure de connaître clairement le choix, et donc la volonté, de l'électeur.

C'est à travers la notion de « *suffrages exprimés* » que cette clarté du choix de l'électeur est constatée et les résultats sont proclamés et acceptés. En effet, les « *suffrages exprimés* » sont seuls pris en compte lors du calcul des résultats d'une élection qui exclut les « bulletins nuls ».

L'article 81 du code électoral indique la diversité de ces bulletins dits nuls parce qu'ils sont sans enveloppe ou portent des mentions comme la rature, la signature et des déchirures ou encore des enveloppes vides, des bulletins de plusieurs candidats dans une même enveloppe.

Le contrôle de la régularité des élections commence par le constat que les dispositions de la loi ont été appliquées ou respectées à toutes les étapes du processus. Sa violation entraîne l'annulation du scrutin dans le lieu où elle est survenue.

Cette sanction qui, en réalité, frappe l'organisateur des élections (CENI) se justifie par le principe que la loi est un ordre ou un commandement, dont la transgression entraîne une peine infligée à celui qui a y désobéi.

La spécificité du contentieux électoral impose au Juge de concilier une triple exigence, celle de la sécurité juridique, celle de la paix sociale et celle du maintien de la confiance des citoyens dans les élections en tant que mode démocratique de dévolution du pouvoir dans l'État.

Globalement, le contrôle du juge consiste à rechercher si le résultat de l'opération électorale correspond à ce qu'a voulu le corps électoral dans la délégation de sa souveraineté.

Il examine les dénonciations qui lui sont adressées et apprécie les incidences de ces irrégularités sur les résultats du scrutin et se demande si ceux-ci auraient été différents si de telles irrégularités n'avaient pas été commises.

Procédant *in concreto,* le juge ne retiendra que celles des irrégularités de nature à fausser les résultats de l'élection compte tenu de l'écart des voix qui sépare les candidats ou les listes de candidats, entendu qu'il n'est pas toujours évident de pouvoir mesurer l'influence qu'a pu avoir une manœuvre ou un abus déterminé sur la volonté du corps électoral.

Il faut admettre que dans la démarche du juge électoral, la recherche permanente d'un équilibre est nécessaire pour la stabilité de l'État de droit, la fortification de la cohésion sociale et l'apaisement par le droit.

Le juge électoral dispose des trois pouvoirs suivants que lui confie la loi de :

- confirmer l'élection, s'il estime que les faits allégués ne sont pas établis ou qu'ils ne sont pas de nature à avoir modifié le résultat ;
- annuler l'élection, s'il estime que les faits constatés ont eu, sur le résultat, une incidence telle celui-ci ne traduit pas la volonté du corps électoral ;
- réformer les résultats, s'il apparaît que des erreurs ou illégalités ont affecté le décompte des voix.

SECTION III : Unicité législative et recours objectif de plein contentieux

I. Unicité législative

Il apparaît, de ce qui précède, que le contentieux électoral est régi par un même corpus de règles, rassemblées principalement au sein du Code électoral.

Cette unicité législative résulte, en premier lieu, de ce que les différentes élections soulèvent des questions communes, notamment en matière d'inscriptions sur les listes électorales, de déroulement de la campagne ou de modalités du vote.

Elle tient, en second lieu, au fait que les juridictions de base et la Cour constitutionnelle, entre lesquelles est réparti le contentieux des élections politiques, partagent la conception selon laquelle le juge électoral n'est pas seulement un gardien des formalités, mais aussi et surtout le garant de la sincérité et de la crédibilité du vote.

Les juridictions judiciaires sont compétentes en matière électorale pour :

1. les litiges relatifs aux inscriptions et radiations de personnes déterminées sur les listes électorales,

2. le contentieux des élections des sections des collectivités locales (district et quartier) et des élections communales ;

3. la fraude électorale qui constitue un délit réprimé par le juge pénal.

La procédure est simple et dénuée de formalisme, en particulier en ce qui concerne la recevabilité des recours.

La loi devrait indiquer les causes pour lesquelles l'instance de recours doit pouvoir annuler le scrutin, en indiquant explicitement quelles irrégularités peuvent avoir une influence décisive ou déterminante sur le résultat. Des dispositions réglementaires d'application du code pourraient y pallier.

L'annulation doit être possible aussi bien au niveau d'un bureau de vote, d'une circonscription que pour l'ensemble de l'élection. En cas d'annulation totale ou partielle, la décision du juge devrait préciser si et dans quelles conditions un nouveau scrutin a lieu.

II. Recours objectif de plein contentieux

Le recours exercé contre un scrutin est un recours objectif de plein contentieux, dans la mesure où le juge de l'élection dispose d'un pouvoir très large en la matière et peut notamment :

- Contrôler la validité des suffrages émis,
- Modifier le nombre de suffrages recueillis par un candidat,
- Reconnaître l'inéligibilité d'un candidat,
- Annuler de manière totale (en cas de vice substantiel) ou partielle, le scrutin,
- Ou proclamer élus certains candidats à la place d'autres (inversion des résultats).

L'auteur du recours devra donc apporter un soin tout particulier à la rédaction de la requête en matière de contentieux des élections, pour l'évidente raison que le juge électoral est confiné dans les strictes limites des demandes des parties et ne pourra donc, sauf moyens d'ordre public, prononcer des mesures qui ne lui ont pas été demandées par le requérant.

En 2002, l'Arrêt N° 005 de la Cour Suprême siégeant en matière électorale, en date du 29 juillet, déclare ''*que, la requête du PUD déposée le 15 juillet 2002 au Greffe de la Cour Suprême, donc dans le délai de cinq (5) jours francs prescrits par l'article L.154 sus-énoncé, se fondant sur des faits et actes d'irrégularité, mais n'est pas soutenue par des moyens juridiques tirés de la violation de la loi, doit être déclarée irrecevable''*

Dans la même logique, à la page 10 de l'Arrêt N° 02 du 20 juillet 2010 de la Cour Suprême, on peut lire : ''*considérant que si la requête de Monsieur M'B... T... a été déposée au Greffe de la Cour Suprême dans le délai de huit (8) jours ouvert par la loi, il est constant que celle-ci ne contienne ni faits, ni moyens allégués au sens des dispositions de l'article 185 du Code électoral...''*.

Le même Arrêt à la page 11 poursuit : ''*considérant que, si la requête de El.. M... S... a été introduite au greffe de la Cour Suprême dans le délai de huit (8) jours fixé par la loi, son examen révèle par contre qu'elle ne s'appuie ni sur des faits, ni sur des moyens allégués, tels que prescrit par l'article 185 du Code électoral* 'et à la page 12 : '' ''*que ce pendant, si la requête du candidat I... A... S... a été déposée au greffe de la Cour Suprême dans le délai défini par la loi, force est de constater que contrairement aux dispositions du Code électoral, ladite requête ne s'appuie pas sur des faits et des moyens allégués ; qu'il y a lieu de la déclarer irrecevable en la forme...''*.

Une autre indication dudit Arrêt, intéressante, se lit comme suit : '' *Considérant que la requête dont s'agit, introduite au nom du Parti « RGP » est signée par El..B.. K..., Président dudit parti et non en qualité de candidat à l'élection présidentielle ; qu'il échet donc de déclarer la requête dont s'agit irrecevable pour défaut de qualité, en ce que les recours dirigés contre les opérations électorales et visant l'annulation partielle ou totale de l'élection présidentielle du 27 juin 2010 ne sont ouverts qu'aux candidats, et non aux partis politiques''*

L'importance de la rédaction appropriée de la requête apparaît dans cet autre motif du même Arrêt : ''*que la requête de Monsieur J... M... T..., reçue au greffe de la Cour Suprême le 7 juillet 2010 sous le N° 474 obéit aux conditions prescrites par la Constitution et le code électoral ; qu'il y a lieu de la déclarer recevable en la forme''*.

La jurisprudence signale ainsi que les demandes en annulation des élections, comme dans tout recours de plein contentieux, doivent concerner :

- le vice de forme ou de procédure (une formalité importante a été omise ou la procédure n'a pas été suivie) ;
- la violation de la loi (l'administration, sous différentes formes, a pu ne pas respecter le texte de loi applicable) ;
- le détournement de pouvoir ou de procédure (l'administration électorale a utilisé un pouvoir ou une procédure dont elle ne disposait pas légalement pour prendre la décision contestée).

L'exposé, de manière explicite, de l'objet de la saisine de la juridiction électorale est une cause d'irrecevabilité de la requête. C'est qu'a affirmé la Cour dans son Arrêt 001/04/CS du 8 janvier 2004 en ces termes : ''*Considérant que la saisine de la Cour Suprême n'ayant pas été conforme aux conditions exigées par la loi, en ce que les faits allégués ne concernent pas le scrutin du 21 décembre 2003, il y a lieu de déclarer la requête du candidat Dr M... B... B..* ''

III. Cas de l'élection présidentielle 2015

La CENI a, par un communiqué, décidé de faire voter sans enveloppe de scrutin, en violation des articles 65, 67 et 81 du code électoral. Elle n'avait pas le pouvoir de modifier ces dispositions législatives impératives par sa seule volonté. Cette seule violation aurait suffi à faire annuler l'ensemble du vote. En effet, la CENI ne peut pas faire admettre valide ce que l'article 81 a considéré nul, à savoir ''*l'enveloppe sans bulletin, le bulletin sans enveloppe*''. Le motif invoqué par la CENI a été le manque d'enveloppes, alors que l'alinéa 2 de l'article 67 dispose : ''*avant l'ouverture du scrutin, le Bureau doit constater que le nombre de bulletins de chaque candidat ou liste de candidats correspond exactement à celui des électeurs inscrits augmentés de 10 %. De même, le nombre des enveloppes doit correspondre aux nombres des inscrits augmentés de 10 %.*

L'alinéa 3 est le fondement péremptoire du caractère flagrant du fourvoiement de la CENI en ce qu'il envisage, avec pertinence, et exclut la survenance de toute situation hypothétique de manque d'enveloppe en ces termes : ''*si par suite d'un cas de force majeure, des bulletins et des enveloppes venaient à manquer, le Président du Bureau de vote est tenu de s'en procurer auprès du démembrement de la CENI concerné. Mention doit être faite au procès verbal*''.

Le pouvoir de la CENI devrait être de faire proroger le temps du vote dans les bureaux affectés. Telle est la position de la Cour Constitutionnelle sur la possibilité de reporter l'heure de clôture du scrutin exprimée dans son Arrêt N° Æ 05 en date du 31 octobre 2015, comme suit :

''*Considérant que le candidat F... L... M.. conteste la régularité du Communiqué N° 3 du 11 octobre 2015 de la CENI autorisant la prolongation de l'heure de clôture du scrutin dans certains bureaux de vote ; qu'il soutient que ni le Président de la CENI, ni la CENI ne sont habilités à prendre une telle décision qui relève du pouvoir exclusif du membre du démembrement de la CENI sur saisine du Bureau de vote ; et que par ailleurs le communiqué ne précise pas les bureaux concernés ;*

''*Considérant que dans son communiqué la CENI n'a fait que rappeler les dispositions de l'article 65 du code électoral en ces termes :'' la Commission Nationale Électorale Indépendante (CENI), conformément à l'article 65 du Code électoral, rappelle que la durée légale du temps de vote est de onze heures (11) soit de sept heures (7) à dix-huit (18) heures'' ; que la CENI n'a fait qu'inviter les bureaux de vote à respecter les onze (11) prévus par la loi'' ; ... que la CENI qui est une Autorité administrative indépendante peut, en vertu du principe général selon lequel ''qui peut le plus peut le moins'' prendre les dispositions valables pour tous les bureaux de vote dans cette situation sur toute l'étendue du territoire électoral'' ; qu'ainsi le moyen n'est pas fondé...''*

Cette position jurisprudentielle de la Cour
Constitutionnelle est critiquable à bien des égards.

Premièrement, la Cour aborde ''*la prolongation de l'heure de clôture du scrutin*''. L'*heure de clôture du scrutin,* peut-elle être prolongée ? Puisqu'il s'agit d'un moment précis, fixé pour marquer la fin, on recule, reporte ce moment, cet instant à l'effet de prolonger la durée, élargir l'espace de temps. Ce temps ayant pour instant de départ sept (7) heures et instant d'achèvement de la durée dix-huit (18) heures. Donc on ne peut prolonger l'instant dix-huit (18), mais on peut prolonger la durée onze (11) heures comprise entre l'instant de départ du scrutin et l'instant marquant sa fin. Cette prolongation reportera l'arrêt des opérations à dix-neuf (19) heures ou vingt (20) heures. Il ne doit pas s'agir de la prolongation de l'heure, mais plutôt de la prorogation du temps pendant lequel doit se dérouler le processus.

Deuxièmement, l'Arrêt érige en principe de général de droit le vieux proverbe grec traduit en latin : *''Qui potest majus potest et minus, ''qui peut le plus peut le moins''*, qui veut dire que si une personne est en mesure de travailler à des tâches laborieuses et pénibles, elle est capable d'exécuter, sans difficulté, les plus simples ou encore si elle peut payer un loyer de 1000 francs, elle peut rembourser une dette de 800 francs.

Or, les alinéas 3 et 4 de l'article 65 du Code électoral disposent, citation : *''toutefois, pour permettre l'exercice normal du droit de vote aux électeurs, le Président du Bureau de vote peut, dans des cas exceptionnels, notamment en cas de retard du matériel électoral, saisir le Président du démembrement de la CENI dont il dépend. Après appréciation des informations qui lui sont fournies, le Président du démembrement de la CENI peut décider de retarder ou non l'heure d'ouverture et de clôture du scrutin dans le bureau de vote concerné''*. Fin de citation.

Contrairement à la valeur principielle que la Cour Constitutionnelle a donnée au vieux proverbe grec, le code a, dans ces dispositions, fait une application du principe de subsidiarité administrative en vertu duquel la responsabilité d'une action publique, lorsqu'elle est nécessaire, doit être allouée à la plus petite entité capable de résoudre le problème d'elle-même.

Le principe de subsidiarité signifie que la responsabilité doit être prise par **le plus** petit niveau d'autorité publique compétente pour résoudre le problème. Pour l'action publique, la subsidiarité est la recherche du niveau le plus pertinent et le plus proche des citoyens, par souci et volonté d'efficacité.

La subsidiarité conduit l'État à déléguer certains de ses pouvoirs aux structures de base lorsqu'il considère qu'elles sont mieux à même de les assumer, compte tenu de leur proximité aux citoyens. Elle réunit la proximité qui recentre l'État sur ses missions fondamentales et permet de traiter la complexité, en donnant des responsabilités aux structures décentralisées ou démembrées pour que les décisions soient prises près du terrain.

La subsidiarité allie la proximité et l'adéquation pour couvrir *la* diversité des situations et la complexité des environnements à travers l*es transferts importants de compétences.*

L'article 65, puisque c'est lui que la Cour Constitutionnelle a visé, a donc donné compétence au démembrement de la CENI, suivant une procédure qu'elle a indiquée, pour ''*décider de retarder ou non l'heure d'ouverture et de clôture du scrutin dans le bureau concerné''.* Mettant ainsi en lumière l'alliance de la proximité et de l'adéquation.

Troisièmement, si la Cour s'était bornée à considérer que '' *que dans son communiqué la CENI n'a fait que rappeler les dispositions de l'article 65 du code électoral... et inviter les bureaux de vote à respecter les onze (11) prévus par la loi... '',* son constat de l'irrecevabilité de la requête du Président du Bloc Libéral serait indiscutable.

Mais quand elle ajoute ''... *que la CENI, qui est une Autorité administrative indépendante peut, en vertu du principe général selon lequel ''qui peut le plus peut le moins'' prendre les dispositions valables pour tous les bureaux de vote dans cette situation sur toute l'étendue du territoire électoral''; qu'ainsi le moyen n'est pas fondé...'',* elle s'engage dans une dangereuse et tortueuse interprétation de la loi qui élève un proverbe au rang de principe général.

Le Pouvoir de proroger la durée des élections, ou plus exactement, comme le dit l'article 65 ''… *de décider de retarder ou non l'heure d'ouverture ou de clôture du scrutin dans le bureau concerné*'', ''*... dans des cas exceptionnels...*'' existe bien, mais il est conféré au seul Président du démembrement de la CENI.

Il ne s'agit pas d'une compétence générale, mais d'une mesure administrative inhérente à une situation exceptionnelle, géographiquement restreinte ; d'où l'association de la proximité et de l'adéquation dans le principe de subsidiarité.

Pour en venir au vote sans enveloppe, que serait-il arrivé si c'était un manque de *bulletins* qui était advenu ?

En plus de ces dispositions du code électoral, cette décision de la CENI viole le principe fondamental d'égalité contenu dans l'alinéa 3 de l'article 2 de la Constitution qui dispose : ''*le suffrage est universel, direct, égal et secret*''.

Heureusement, le niveau culture en droit électoral n'a pas permis aux candidats malheureux d'invoquer cette irrégularité qui aurait placé la Cour Constitutionnelle dans la difficile posture de devoir annuler cette élection et de plonger le pays dans les pires affres de la passion politique.

Le juge électoral, parce que le contentieux électoral est un contentieux de pleine juridiction, dispose d'un pouvoir très large, qui lui permet de ne pas seulement se borner, comme dans le cadre du recours pour excès de pouvoir, à annuler ou à valider le scrutin. Il peut aussi réformer l'opération électorale (la modifier), voire lui en substituer une nouvelle. Telle est la nature du contentieux électoral : le juge électoral, s'il constate de graves irrégularités ayant eu une influence substantielle, décisive sur les résultats du scrutin, peut déclarer vainqueur celui qui avait initialement perdu.

SECTION IV : Répartition du contentieux entre les juridictions

La Constitution et le Code électoral ouvrent aux candidats aux consultations électorales l'exercice du droit de contestation des opérations de vote, en vue de leur annulation totale ou partielle du fait des irrégularités qui les auront entachées.

C'est au juge électoral, principalement à la Cour Constitutionnelle, que les articles 93 et 94de la Constitution ont confié le contrôle de la régularité des opérations des élections nationales et la proclamation des résultats définitifs.

Il convient de souligner que tout le contentieux relatif à l'élection du président de la République (art. 172, 174 184 à 187 du C.E) et des députés à l'Assemblée nationale (art. 133 et 164 à 167du C.E.) relève de la compétence de la Cour Constitutionnelle.

Toute contestation portant sur la validité des candidatures reçues, les réclamations éventuelles dirigées contre des candidatures aux élections présidentielles et législatives sont également déférées à la Cour Constitutionnelle qui statue sans délai, en tout cas avant l'ouverture de la campagne électorale.

Par ailleurs, empruntons à la juridiction électorale guinéenne ses termes dans l'Arrêt n° 19/CS/CCA du 15 novembre 2013 (Cour Suprême à l'époque) statuant, en vertu de l'article 155 de la Constitution, sur le contentieux électoral issu des élections législatives du 28 septembre 2013, pour indiquer que la Cour Constitutionnelle n'est pas le seul juge électoral. Citation :

''Considérant que, s'il est indéniable que les irrégularités résultant de ces opérations ont une réelle incidence sur le déroulement du scrutin, les contestations résultant de leur inobservation ou impréparation sont strictement réglementées et obéissent à un régime

particulier, en effet, aux termes des articles 2 dernier alinéa 3, 14, 15, 16, 22, alinéa 1er, 25, 26, 27, 28, 35, 36, 64 du Code électoral, les questions relatives au cadre préparatoire des élections et le contentieux y afférent, relèvent de la compétence d'autres organes, à savoir

... les Tribunaux de Première Instance et les Justices de Paix''

Considérant que.... Ces juridictions ont compétence pour connaître des cas d'omissions, de radiation, de double inscription, de refus d'inscription sur les listes électorales, de découpage électoral, d'affichage des listes, de distribution des cartes, avec la conséquence que la Cour est incompétente pour statuer sur ce contentieux'', Fin de citation

SECTION V : Le statut légal du juge électoral guinéen

La Cour constitutionnelle est l'organe constitutionnel chargé d'assurer la primauté effective de la Constitution qui est, selon la théorie de la hiérarchie des normes reproduite par l'alinéa 6 de l'article 2 de la constitution, la norme suprême. Sa fonction est de maintenir et consolider l'État de Droit.

À ce titre, la Cour Constitutionnelle est, dans la taxinomie institutionnelle issue de la réforme constitutionnelle de 2010, une Institution placée hors des trois pouvoirs et indépendamment d'eux.

Le dernier alinéa de l'article 93 de la Constitution, à ce sujet, dispose : '' *elle est l'organe régulateur du fonctionnement et des activités des Pouvoirs législatif et exécutif et des autres organes de l'État.*''

Dans le sens de cette disposition constitutionnelle, l'article 62 de la loi organique régissant le fonctionnement de la Cour Constitutionnelle dispose : *''les décisions de la Cour constitutionnelle ont un effet obligatoire et exécutoire à l'égard de toutes les personnes morales et physiques et de tous les organes de l'État. Elles produisent leurs effets dès leur publication... ''*

Ce rôle de régulateur confère un statut très particulier de prééminence à la Cour Constitutionnelle par rapport aux trois Pouvoirs traditionnels de l'État.

Cette prééminence est affirmée d'abord par le dernier alinéa de l'article 92 de la Constitution qui déclare : *'' la décision de la Cour constitutionnelle s'impose au Président de République et à l'Assemblée nationale'', ensuite* par le dernier alinéa de l'article 96, sur les questions de droits de l'homme qui affirme : *'' la jurisprudence de la Cour Constitutionnelle, en cette matière, a primauté sur celle des autres ordres juridictionnels.''*

Dans la même logique de prééminence, l'article 99 de la Constitution dispose : *''Les Arrêts de la Cour Constitutionnelle sont sans recours et s'imposent aux pouvoirs publics et à toutes les autorités administratives, militaires et juridictionnelles, ainsi qu'à toute personne physique ou morale.* **''**

Sans entrer dans la controverse entre *''autorité de la chose jugée''* et *''force de chose''*, l'effet *''obligatoire et exécutoire''* que le système constitutionnel guinéen attache à la décision de la Cour constitutionnelle découle de la caractéristique essentielle d'une juridiction constitutionnelle, dans la mesure où, généralement placée hors de la hiérarchie judiciaire ordinaire, ses décisions s'imposent tant aux pouvoirs publics qu'aux citoyens.

Le fondement d'une telle position est que l'acceptation des voies de recours contre ses arrêts lui enlèverait toute autorité et aboutirait, à coup sûr, à créer un modèle décentralisé de justice constitutionnelle alors que cela est l'effet inverse écarté par le constituant guinéen.

L'effet *''obligatoire et exécutoire''* ainsi attaché aux décisions de la Cour est une autorité absolue de chose jugée, signifiant que ce qui est jugé ne peut plus être remis en question, entendu que cette autorité a été voulue par le constituant de 2010, afin d'éviter les contrariétés de décisions entre la Cour constitutionnelle et les organes juridictionnels formant le Pouvoir judiciaire.

Ce caractère définitif de la décision de la Cour constitutionnelle, excluant tout recours, pose problème, dans la circonstance où, par exemple, la Cour se rendrait compte, par elle-même ou par quelque conjecture que ce soit, qu'une erreur d'appréciation a pu motiver sa décision.

Celle-ci devrait-elle continuer à produire son effet de *''chose jugée'', ''obligatoire et exécutoire* 'ou, plutôt, la Cour ne devrait-elle pas avoir la faculté de faire œuvre utile en modifiant ou rétractant sa décision ?

La loi ne semble pas, en apparence, en avoir ouvert la possibilité. Toutefois, peut-on déduire que la décision de la Cour ne peut, en toute matière et en aucune circonstance faire l'objet de révision ?

D'ailleurs, l'analyse des dispositions constitutionnelles, citées plus haut, ne conduirait-elle pas à inférer que, dès lors que la Cour dispose du pouvoir d'annuler les actes des deux Pouvoirs d'État traditionnels que sont l'Exécutif et le Législatif ou de s'imposer à ceux-ci, elle peut, dès l'instant où la nature des choses l'exige, réviser sa propre décision qui comporterait une erreur d'appréciation ?

Il faut souligner, sous cet éclairage, que le statut des membres de la Cour constitutionnelle, fixé dans les articles 100 à 102 de la Constitution, vise à garantir justement leur absolue indépendance, la prééminence, l'objectivité, l'impartialité et la pérennité de leurs décisions.

Au demeurant, les membres de la Cour sont élus ou désignés parmi des personnalités en fin de carrière. Avant leur entrée en fonction, les membres de la Cour constitutionnelle prêtent serment. Ils ont un mandat de neuf

(9) ans, non renouvelable, sauf pour les membres de la première composition dont le tiers (1/3) est renouvelé au bout de trois ans, et un second tiers (1/3) au bout de six ans. Ils sont irrévocables, sous réserve des articles 11 et 15 à 17 de la loi organique L/2011/006/CNT du 10 mars 2011.

Ils sont soumis à un régime d'incompatibilités rigoureux : ils ne peuvent être membres du Gouvernement, du Parlement, du Parlement de la CEDEAO ou de l'Union africaine, du Conseil économique et social, détenir un mandat électoral quelconque, exercer des fonctions de direction au sein d'entreprises ou de partis politiques ;

Le non-respect de ces règles d'incompatibilité entraîne la démission d'office de l'intéressé. Ils sont soumis à une obligation de réserve, les contraignant à garder le secret des délibérations, à ne pas donner de consultations et à ne pas exprimer de position politique sur des sujets ayant fait ou pouvant faire l'objet d'une décision de la Cour.

Le principe de saisine du juge électoral repose sur :

– un recours ouvert très largement ;

– les contestations sont en principe ouvertes à tout candidat ou parti, sans exigence d'un préjudice direct ;

– il s'agit, par dérogation aux principes généraux du droit, d'une *"action populaire"*, qui s'ajoute au recours exercé par les candidats, l'autorité administrative et l'autorité judiciaire.

Ainsi, tout électeur peut introduire une protestation et contester une élection, même si l'irrégularité s'est produite dans un autre bureau de vote que le sien, de même tout candidat, élu ou non, même non-électeur de la commune, a également le droit de porter réclamation. Les membres des bureaux de vote sont recevables à agir contre les résultats d'une élection locale.

Le représentant de l'État peut déférer les opérations électorales devant le juge, si les prescriptions de fond et de forme n'ont pas été respectées. Mais les associations n'ont pas qualité pour agir devant le juge de l'élection.

Pour qu'il soit effectif, selon les matières, le recours au juge se place en amont des élections, et en aval des résultats, par l'introduction d'une action aux fins d'annulation de l'opération affectée par une irrégularité.

SECTION VI : L'objet du contrôle du juge

L'obligation de juger signifie qu'une juridiction ne peut sous peine de déni de justice, suspendre indéfiniment le jugement d'une affaire dont elle est saisie quand rien ne fait obstacle au règlement du litige.

L'obligation faite au juge d'exercer sa mission juridictionnelle implique, a fortiori, qu'il ne puisse déléguer sa compétence. Une juridiction ne peut, par exemple, laisser à l'administration le soin d'apprécier l'existence et l'étendue d'un préjudice invoqué par le requérant. L'obligation de juger contribue à ce que le droit d'accès au juge ne soit pas un droit formel, il s'agit véritablement d'un moyen mis à la disposition du justiciable pour contraindre le juge à statuer *omnia petita* (sur la totalité du litige). Les jugements hâtifs ou dilatoires sont exclus. L'obligation pour un tribunal de remplir sa mission juridictionnelle lui impose de se prononcer avec toute la rigueur requise, notamment dans le respect des conditions de formes, y compris dans les cas d'irrecevabilité manifeste.

Les relations qu'entretiennent la justice et le politique interrogent, en effet, notre conception de l'État de droit et de la démocratie et elles posent avec acuité la question des prérogatives, mais aussi de l'exercice légitime de l'une des grandes fonctions régaliennes, la justice : quelle est aujourd'hui l'étendue et quelles sont les limites de l'office du juge dans une démocratie ?

Le concept de séparation des pouvoirs, qui surplombe cette problématique, revêt les apparences d'une illusoire simplicité, dont l'histoire des régimes démocratiques a pourtant démontré la faiblesse théorique et la complexité pratique. Il désigne, tout à la fois, une spécialisation fonctionnelle de chaque organe constitué et un partage compétences entre les institutions constitutionnelles, avec de fortes dominantes des trois fonctions législatives, exécutive et judiciaire.

Quel que soit le mode d'organisation constitutionnelle, la séparation des pouvoirs repose sur un équilibre dynamique, dans lequel le pouvoir judiciaire occupe une place particulière : il est tout à la fois l'un des pouvoirs constitués et le garant, suprême dans le cas du juge constitutionnel, du partage de leurs compétences et du respect de la loi fondamentale.

Cette place particulière a paradoxalement expliqué la faiblesse historique du pouvoir judiciaire au regard des deux autres. Les tensions inhérentes à la séparation des pouvoirs surgissent souvent dans les discours politiques par une hiérarchisation de ces pouvoirs au bénéfice du Pouvoir exécutif et, dans une moindre portion, du Pouvoir législatif.

Or, notre époque s'inscrit dans une perspective inversée : les juges contrôlent désormais de manière approfondie le respect par la loi des normes constitutionnelles et internationales ainsi que tous les actes et toutes les activités des décideurs publics. Alors que s'étend le champ de compétence d'intervention des juges, et aussi des juges communautaires (CEDEAO et Union Africaine), faut-il craindre une "politisation" de la justice, c'est-à-dire un empiétement des juges dans le champ de compétence des autres pouvoirs, mais aussi des prises de position par les juges dans des débats politiques, économiques et sociaux encore non tranchés ?

Le contrôle de l'établissement de la liste électorale est l'exemple typique de contrôle en amont et en aval des élections.

La liste électorale recense, dans chaque commune ou circonscription électorale, l'ensemble des citoyens qui ont demandé leur inscription, en vue de participer aux élections, et fait l'objet d'une révision annuelle en fonction de la situation des électeurs et des changements intervenus dans l'année.

Cette révision est susceptible de porter atteinte aux droits des intéressés, notamment en cas de radiation ou de refus d'inscription.

Les décisions de la commission administrative, instituée pour procéder à cette révision, sont placées sous le contrôle du juge judiciaire (le tribunal d'instance), et ce jusqu'au jour du scrutin.

La loi reconnaît aux tiers d'attaquer l'inscription d'un électeur dans une commune, et en matière d'inscription, radiation et réinscription. La juridiction territorialement compétente statue, après avoir convoqué la partie dont l'inscription est attaquée, afin que soit respecté le principe de la contradiction.

Indépendamment des recours qui peuvent intervenir en amont de l'élection, la liste électorale peut être attaquée, *a posteriori*, devant la Cour constitutionnelle, c'est-à-dire après le résultat du scrutin, au motif qu'elle a fait l'objet de manœuvres frauduleuses.

1. **Les candidatures** : La constitution, en son article 3, octroie aux partis politiques le monopole de la présentation de ``*candidats aux élections nationales*''. Seuls les électeurs inscrits sur la liste électorale peuvent se porter candidats, à la condition de ne pas faire l'objet de condamnations pénales assorties de la privation de droits civiques, ou de sanction d'inéligibilité et sous réserve

d'incompatibilité avec d'autres fonctions telles que celles de magistrats, militaire, etc.

Les candidats doivent faire une déclaration de candidature, qui peut être refusée par l'autorité électorale, celle-ci faisant grief à la qualité de l'intéressé et comme telle, cette déclaration est placée sous le contrôle du juge qui statue à bref délai (en principe 24 heures).

Dans le dispositif des Arrêts N° 007/CCA/CS en date 11 novembre 2003 et N° 01 du 24 mai 2010 on relève que les causes d'irrecevabilité de la candidature sont :

• ''*la non-production dans le dossier de candidature :*

o *du récépissé du dépôt du cautionnement prévu par l'article 193 du Code électoral,*

o *de l'extrait d'acte de naissance ou du jugement supplétif en tenant lieu* o *de l'extrait du bulletin* N° 3 du casier judiciaire ;

• *l'absence des mentions prévues par l'article 171 du code électoral, comme la couleur ou les signes distinctifs du candidat ou de son parti, la dénomination du parti, le résultat de la visite médicale, la signature…''*

2. La campagne électorale : elle est dominée par les grands principes de transparence, de sincérité du scrutin et de respect de l'égalité des candidats, notamment en ce qui concerne la liberté d'accès aux médias publics, les affichages, la liberté de réunion et de manifestation, le nombre et la durée des temps d'antenne.

Elle doit tenir compte, indépendamment des règles internes, du principe de liberté de communication qui est garanti par le code électoral.

Un des aspects essentiels du contrôle est d'ordre financier : les campagnes électorales comportent des plafonds de dépenses, chaque candidat devant présenter un compte de campagne qui est ensuite contrôlé par la CENI, puis par la Cour des comptes.

SECTION VII : L'étendue du contrôle du juge : un contrôle sui generis

La nature du recours sera différente selon qu'il s'exerce en amont ou en aval de l'élection. En amont, il concerne essentiellement la révision de la liste électorale et tend alors à rectifier une erreur ou une irrégularité commise par l'administration.

En aval, il tend à l'annulation de l'élection et le juge a, dans ce cadre, un contrôle reposant sur un mécanisme original, qui va bien au-delà d'un contrôle de légalité, pour s'inscrire dans une approche *in concreto* et impliquant un large pouvoir d'appréciation.

Il est attribué au juge électoral une mission étendue qui concerne la préparation, le déroulement du scrutin, la proclamation des résultats et les recours formés par les candidats contre les décisions de la Commission Électorale Nationale Indépendante (CENI).

Avant l'élection

Le Juge doit être destinataire de tous les actes préparatoires à l'élection, adoptés en vue d'organiser le scrutin :

- Décrets de convocation des électeurs ;
- Textes réglementaires d'application ;
- Décisions diverses de la CENI
- Circulaires et notes de service aux démembrements de la CENI ;
- Documents électoraux tels que procès-verbaux, modèles de bulletins, cartes d'électeur, etc. ;
- Mémentos divers destinés aux candidats.

Cette activité de consultation et de préparation se poursuit pendant les mois qui précèdent l'élection. Ainsi la Cour constitutionnelle :

- procède à toutes les vérifications matérielles et juridiques nécessaires pour dresser la liste officielle des candidats ;

• répond aux questions posées au nom des candidats, les institutions et la presse ;

• prépare la mise en place de la logistique (notamment informatique) du recensement national des votes, en relation avec la CENI ;

• désigne ses délégués (les magistrats) pour contrôler sur place les opérations électorales.

Le jour du scrutin

La Cour Constitutionnelle assure une permanence téléphonique, essentiellement à l'intention de ses délégués. Il est destinataire de toute information relative au déroulement du scrutin et à d'éventuelles difficultés.

Au lendemain de chaque tour

La Cour recense les résultats en faisant office d'un organe supérieur de recensement des votes, examine les réclamations ainsi que le rapport de ses délégués, le cas échéant, rectifie, puis proclame les résultats.

Ce pouvoir d'appréciation du juge électoral transparaît, à la page 8 de l'Arrêt N° 98/04/CS/CCA du 31 décembre 1998, dans les termes ci-après : '' *considérant qu'après examen approfondi de ces différents documents et un entretien avec des personnes ayant assisté au déroulement du scrutin dans les circonscriptions de Mandian, notamment de Mandiana, notamment le Magistrat ayant présidé la commission centrale de recensement des votes, la Cour a acquis la conviction que de graves irrégularités portant atteinte à la liberté des votants, à la sécurité et à la sincérité du vote ont été commises dans la presque la totalité des bureaux de vote de la circonscription ; qu'en effet, il résulte des investigations les irrégularités suivantes :*

1)... 2)... 3)... 4)... 5)[1]*... ; que ces irrégularités graves ont été commises un peu partout dans la circonscription*

[1] Aucun des Procès-verbaux de dépouillement ou de recensement de vote ne comporte, et ce, contrairement aux prescriptions des

électorale de Mandiana... Que ces irrégularités graves, traumatisantes et générales, qui violent les lois électorales et portent atteinte à un des droits fondamentaux constitutionnels du citoyen, à savoir : la liberté, la sincérité du vote ne sauraient être acceptées ; qu'elles méritent une seule sanction, l'annulation du scrutin de la circonscription, car là où il y a violence, agression et viol de la liberté, le droit disparaît''.

L'Arrêt N° 005 en date du 29 juillet 2002, au dernier paragraphe de la page 12 précise : ''*... la Cour Suprême qui a plénitude de pouvoir d'investigation a procédé à un examen attentif et approfondi des procès-verbaux des Commissions administratives de recensement des votes ainsi que des rapports établis par les Présidents desdites commissions administratives qui sont tous des magistrats ; que des investigations de la Cour ont établi que :*

Après la proclamation des résultats

Les ''temps forts'', pour emprunter aux présentateurs du journal télévisé leur jargon, de l'activité de la Cour demeurent :

- le recueil de présentations de candidatures et l'établissement de la liste des candidats,
- la surveillance générale de la préparation de chaque tour de scrutin,
- la surveillance du déroulement de la campagne électorale et de scrutin,
- la proclamation des résultats.

La Cour Constitutionnelle contrôle la régularité des opérations de vote

Pour contrôler sur place les opérations de vote et de dépouillement, La Cour Constitutionnelle désigne ***des délégués*** parmi les magistrats. Le jour de l'élection, chaque

---

articles L.85 et L. (1 de la loi électorale [de 1991] des observations ou réserves des représentants de partis politiques faisant état d'irrégularités constatées.

délégué de la Cour se rend dans tous les bureaux de son secteur.

Il contrôle le bon fonctionnement des bureaux de vote, en particulier ***il s'assure du secret, de la liberté et de la sincérité du vote*** ; il vérifie notamment que :

- les bureaux de vote sont ouverts et constitués par un président et au moins deux assesseurs ;
- les électeurs disposent de tous les bulletins au nom des candidats ;
- le secret du vote est assuré par la mise à disposition d'isoloirs et le passage effectif des électeurs par l'isoloir ;
- l'identité des électeurs est contrôlée et leur signature est apposée sur la liste d'émargement après avoir voté ;
- l'urne est transparente et n'est jamais laissée sans surveillance ;
- le registre des réclamations est accessible.

En cas d'irrégularité ou de difficulté, le délégué de la Cour communique ses observations au président du bureau de vote ; si celles-ci ne sont pas prises en compte, il en fait mention au procès-verbal des opérations de vote et si nécessaire adresse un rapport à la Cour Constitutionnelle. Il faut reconnaître que lors des élections de 2015, la Cour a mis en place les conditions innovantes de l'accomplissement de ces missions de ses délégués.

Selon la gravité des irrégularités constatées, leur persistance malgré les avertissements du délégué et leur impact sur le résultat, la Cour peut procéder à l'annulation totale ou partielle des résultats du bureau de vote.

La Cour Constitutionnelle procède au recensement des votes et proclame le résultat de l'élection.

Les procès-verbaux de recensement des résultats des bureaux de vote sont centralisés d'abord, le cas échéant, au niveau de la commune, puis des Préfectures et des Ambassades par les commissions administratives de centralisation des votes (CACV) désignées à cet effet.

Ces procès-verbaux sont transmis, après la proclamation des résultats provisoires, le plus rapidement possible par la CENI à la Cour constitutionnelle qui en reprend le contenu, tout en vérifiant les observations de ses délégués, en examinant les réclamations, et en rectifiant s'il y a lieu les résultats.

La Cour proclame les résultats et désigne le ou les candidats élus.

Lorsqu'il prend ou fait connaître sa décision, le juge électoral évite qu'apparaisse l'impression que, sur l'autel de la quiétude d'élections démocratiques, il est prêt à sacrifier les éléments de l'orthodoxie et la taxonomie juridiques. Son ministère, à l'occasion, s'imprègne des exigences et de la méthodologie de la pédagogie, parce que le contentieux électoral obéit à des règles et également parce que l'élection démocratique est aussi apprentissage constant de ses règles en mutation, mutation qui implique la nécessité de contextualisation de l'application desdites règles.

À ce sujet, les Arrêts de la juridiction électorale laissent inférer que la contestation des opérations électorales, dans une circonscription électorale, en général, la Commune ou la Préfecture, ayant fait l'objet d'un découpage spécial, ne peut viser entièrement la Commune ou la Préfecture concernée, laquelle, en la circonstance, n'est pas une circonscription électorale.

En matière électorale, la requête ne doit viser que les diverses circonscriptions électorales où sont nées les contestations et ne porter que sur les opérations de l'élection ou des élections. Également, elle ne peut viser l'annulation sur l'ensemble du territoire national, pour la raison simple et évidente que le territoire national ne constitue pas, pour le juge électoral, une circonscription électorale.

Pour être donc efficace, une requête en contestation électorale doit viser un ou des bureaux.

D'un point de vue pragmatique et procédural, lorsqu'il est saisi, le juge commence par s'assurer que le requérant est habilité, par les textes en vigueur, à former un tel recours, qu'il en a qualité.

Le juge s'intéresse, ensuite, à la recevabilité formelle de la requête, c'est-à-dire à la vérification de ce que la requête contient les différents éléments de forme prescrits par les textes. La jurisprudence disponible indique que le juge électoral guinéen est particulièrement intransigeant sur les questions de forme et, devant lui, toutes les questions de forme sont fondamentales, aucune d'elles n'est mineure ou accessoire, si bien qu'il n'y a pas d'omissions excusables ou rattrapables : tout a le même statut processuel.

La jurisprudence guinéenne laisse apparaître que le contentieux électoral est dominé, quantitativement, par l'irrecevabilité. Celle-ci donne du juge l'image controuvée du complice des pouvoirs en place qui décourage les plaideurs plutôt que de sanctionner les violations flagrantes de la loi électorale. Or, aux yeux des électeurs, comme des candidats, les griefs sont importants : les préliminaires aux opérations électorales, les irrégularités liées aux opérations électorales, le dépouillement des votes et les résultats.

CHAPITRE V

De quelques contentieux électoraux

Au sujet du contentieux relatif au cadre préparatoire des élections et aux mesures préliminaires à prendre en raison de la complexité et de l'incidence de l'organisation des élections, l'Arrêt N° 19/CS/CCA du 15 novembre 2013 déclare qu'au nombre de ces mesures préliminaires figurent, entre autres : ''*considérant qu'au nombre de ces mesures figurent entre autres : l'inscription, l'omission, la radiation et la réinscription des électeurs ; l'établissement et la révision périodique des listes électorales ; le découpage électoral ou la création des bureaux de vote ; la confection et la distribution des cartes électorales ; le respect des délais d'organisation des consultations électorales.*

''Considérant que, s'il est indéniable que les irrégularités résultant de ces opérations ont une réelle incidence sur le déroulement du scrutin, les contestations résultant de leur inobservation ou impréparation sont strictement réglementées et obéissent à un régime de contentieux particulier, en effet, aux termes des articles 2 dernier alinéa, 14, 15, 16, 22, alinéa 1er, 25, 26, 27, 28, 35, 36, 64 et 68 du code électoral, les questions relatives au cadre préparatoire des élections et le contentieux y afférent, relèvent de la compétence d'autres organes, à savoir les commissions administratives de révision ou d'établissement des listes électorales, la CENI, les Tribunaux de Première Instance ou les Justices de Paix''.

SECTION I : Contentieux préélectoraux relevant des juridictions de base

I. Inscription, radiation, réinscription

L'article 14 du code électoral reconnaît à tout électeur la faculté de *' 'réclamer l'inscription d'un électeur non inscrit ou la radiation d'un électeur indûment inscrit''*. Ce droit appartient également au maire de la commune.

La demande des particuliers se limite seulement à l'inscription ou à la radiation d'individus, précisant l'identité de la ou des personnes dont l'inscription ou la radiation est réclamée.

La demande de radiation est notifiée, sans frais, à l'électeur dont il est question dans le délai de trois jours ouvrables suivant le dépôt de la demande à la Commission administrative.

La loi ne dit pas expressément à qui incombe cette diligence. Mais, l'on peut induire, du fait que c'est devant elle que la contestation doit se faire, la commission administrative (article 14 du code électoral) en a la charge, avec l'indication, dans la notification, des motifs de la radiation.

Dans le cas où surviendrait la radiation, la personne radiée peut saisir le Tribunal de première instance ou la justice de paix du lieu de radiation dans la période du 1er au 15 décembre de l'année de la radiation.

Ce délai de quinze (15) jours se situe dans la période de révision des listes électorales fixée par l'article 17 du code électoral.

Ce délai est ramené à huit (8) jours dans les cas de révision exceptionnelle.

Il est statué, en vertu de l'article 15 du code électoral, par ordonnance du Tribunal de première instance ou de la Justice de paix sur ce cas de contestation. Cette décision n'est susceptible d'aucun recours.

Telle quelle, cette disposition pose problème, puisque de toute apparence, elle ne protège pas contre les erreurs préjudiciables au droit de vote. Mais, implicitement cette force de chose jugée, conférée à la décision judiciaire, devrait faire l'objet de la voie de recours exceptionnelle de rétractation par le juge qui l'a rendue, si l'erreur est prouvée.

Les articles 17, 18 et 19 fixent la périodicité de la révision des listes électorales et les obligations qui pèsent sur la CENI et ses démembrements quant à la publicité par affichage attaché à cette opération relativement aux inscriptions-radiations-réinscriptions.

Les articles 19, 20, et 22 du code électoral énoncent le caractère de permanence des listes électorales et la règle de la révision annuelle qui prévoit l'établissement du tableau rectificatif et l'obligation du démembrement de la CENI, assisté du Maire, d'informer la population du dépôt du tableau par affichage dans les lieux publics.

Les réclamations, faites par écrit et contre récépissé, sont adressées (art. 25 Code électoral) au Tribunal de première Instance ou à la Justice de paix qui dispose de dix (10) jours pour trancher. La décision est notifiée aux intéressés dans les trois (3) jours qui suivent le jugement.

Les modifications résultant de la décision de justice sont portées au tableau rectificatif, qui est publié le 30 novembre (art. 28 du Code électoral) et, au plus tard, le 8 janvier, les listes sont définitivement arrêtées et rendues disponibles et accessibles (art. 29 Code électoral) au niveau des différents démembrements de la CENI.

La liste électorale définitive est communicable '' *à tout requérant qui veut la consulter ou en prendre connaissance sur place*'' (alinéa dernier, article 29 code électoral).

II. Le Contentieux des manifestations et des réunions de campagne

a. Interdiction de campagne hors la période prévue (article 38 3et 39, code électoral)

Le droit de réunion et de manifestation est garanti et n'est pas soumis à autorisation. Cependant, son exercice est subordonné à la déclaration préalable, à l'effet de permettre à l'autorité communale, en cas de simultanéité de déclarations, de privilégier l'ordre de dépôt des demandes.

Les articles 42 à 44 indiquent les obligations des organisateurs et les conditions de déroulement des réunions et manifestations. Ils ne mentionnent pas les cas dans lesquels il peut être fait interdiction de se réunir ou de manifester, mais l'article 45 du code électoral engage la responsabilité du bureau, à mettre en place (art.44 du code électoral), en cas de trouble.

b. Attribution des emplacements spéciaux d'affichage

Durant la campagne, l'article 46 du code électoral enjoint au maire de la commune de procéder, par arrêté, à l'attribution à chaque candidat ou liste de candidats des emplacements spéciaux, sur une superficie égale, dans l'ordre d'arrivée des demandes et dans le respect des droits garantis à l'article 48 du code électoral.

La loi n'indique pas devant quelle autorité juridictionnelle est portée la contestation relative à l'attribution des emplacements spéciaux. Cette attribution se fait par arrêté du maire, acte administratif.

Cet acte relève-t-il de la compétence de la Cour Suprême ou bien doit-on le considérer, intervenant en matière préélectorale qu'il relève du plein contentieux objectif comme un contentieux de la légalité appliqué à une situation juridique spécifique, précisément l'élection relevant du juge électoral qui peut effectuer un contrôle de légalité qu'il applique à la situation juridique particulière qu'est l'opération électorale ?

En répondant par l'affirmative, on ne peut qu'admettre que le juge électoral dispose de tous les pouvoirs du juge du plein contentieux à savoir la réformation.

Par ailleurs, le ressort administratif de compétence du maire autorise-t-il d'induire que la juridiction compétente est le Tribunal de première instance ou la Justice de paix ?

c. Contentieux des dons, libéralités ou de faveurs administratives ou utilisation de biens et moyens d'une institution publique

L'article 53 du code électoral prohibe les dons et libéralités en argent ou en nature, ainsi que les promesses de dons, de libéralités ou de faveurs administratives, y compris l'utilisation aux mêmes fins et dans le même but des biens et moyens d'une institution ou d'un organisme public, de l'État en général. Il s'agit d'une infraction à la loi pénale justiciable des juridictions de droit commun.

d. Contentieux du Soutien des Associations et ONG à un candidat

L'article 54 prohibe le soutien des Associations et ONG à un candidat ou un parti politique ; la violation de cette disposition est réprimée par les sanctions prévues à l'article 219 du code électoral.

SECTION II : Contentieux préélectoraux justiciables de la Cour Constitutionnelle

a. La Convocation des électeurs

L'article 62 indique les délais de convocation des électeurs par décret du président de la République pour les différents scrutins et précise qu'en cas d'annulation les électeurs sont convoqués dans les soixante (60) jours de l'annulation.

L'on pourrait se poser la question de savoir de quelle annulation s'agit-il ? Celle du décret de convocation ou celle du scrutin ?

Le décret portant convocation des électeurs est le premier des actes administratifs ayant pour objet de préciser la période de déroulement électoral et de décider de l'organisation des scrutins politiques. S'agissant de tels actes, il ne devrait guère y avoir matière à s'interroger sur le juge compétent pour en connaître, tant il semble évident qu'ils relèvent naturellement du juge administratif et plus particulièrement, s'agissant de décrets, de la Cour suprême en premier et dernier ressort en application des articles 4 et 31 de la L/1991/008/CTRN du 23 décembre 1991 relative à la Cour Suprême

Ce n'est pourtant pas exactement de cette manière qu'on peut aujourd'hui présenter le droit positif guinéen issu de la réforme constitutionnelle de 2010, qui fait au contraire une large place à la Cour constitutionnelle pour statuer sur les recours dirigés contre les actes préparatoires des scrutins politiques nationaux, en tout cas ceux qui, comme le décret de convocation des électeurs, ont une certaine portée générale organisant les élections politiques.

Ne faut-il pas admettre une extension de compétence de la Cour constitutionnelle, qui déroge de manière exceptionnelle à la compétence de la Cour suprême ?

La tentation de donner une réponse affirmative est difficilement résistible, en ce sens que cette dérogation repose sur la logique du contrôle de l'ensemble de l'organisation du processus électoral. Il serait, de toute apparence, logique que cette dérogation soit transposée aux cas dans lesquels ce rôle général incombe à la Cour constitutionnelle, c'est-à-dire au référendum, à l'élection présidentielle et aux élections législatives.

Cet état du droit, qui conduirait le juge constitutionnel à statuer sur des recours contre des décrets en lieu et place de la Cour Suprême, est-il si logique que cela ? Peut-il, à tout le moins, être considéré comme satisfaisant ?

La réponse affirmative tiendrait à une observation toute pratique : compte tenu du faible délai qui s'écoule entre l'intervention des décrets propres à une élection déterminée, lesquels conditionnent la régularité d'ensemble des opérations référendaires et le scrutin.

S'agissant donc des décrets de convocation et d'organisation d'une consultation électorale déterminée, il n'y a, avant le scrutin, de contrôle juridictionnel possible qu'à titre exceptionnel et pour un seul motif : éviter que le Pouvoir Exécutif, par la CENI interposée, ne s'arroge des prérogatives que ne lui attribue pas la constitution :

- soit en maintenant des dispositions écartées par la Cour constitutionnelle, lors de sa consultation, comme non conformes à la Constitution ou à la loi ;
- soit en introduisant des dispositions non soumises préalablement Cour constitutionnelle.

b. La campagne électorale

L'article 46 du code électoral prévoit l'aménagement d'espaces spéciaux sur une surface égale à attribuer à chaque candidat ou liste de candidats, avec interdiction à un candidat de procéder à un affichage dans l'emplacement attribué aux autres candidats et en dehors des espaces spéciaux.

Les articles 56 à 61 du Code électoral traitent du droit d'accès équitable de tout candidat ou liste de candidats aux organes d'information d'État pendant la campagne électorale. Les annonces, à cette occasion, sont exemptes de tout commentaire. Un arrêté du ministre en charge de l'information fixe le temps, les horaires des émissions, les conditions de leur production et leur réalisation ainsi que les modalités de leur programmation et de leur diffusion.

La Cour constitutionnelle veille (art 59) à la régularité de la campagne et, à travers la Haute Autorité de la

Communication, au respect du principe d'égalité de traitement des candidats.

L'article 61 énumère les causes et conditions, pour lesquelles, la Cour Constitutionnelle peut suspendre la diffusion d'une émission de campagne constitutive d'un manquement grave aux obligations qui résultent de l'article 1er de la Constitution. Il fixe les délais incombant à la Cour Constitutionnelle.

c. Contentieux du bulletin de vote et de l'enveloppe de scrutin

Les articles 66, 67, 77, 79, 80 et 81 du code électoral font du vote avec le bulletin et l'enveloppe de scrutin une condition de validité du suffrage exprimé. Ces dispositions législatives sont des applications du principe constitutionnel du suffrage secret.

Alors que l'article 66 commande que ''*dans chaque salle de vote, le Bureau de vote dépose les bulletins de vote et les enveloppes sur la table préparée à cet effet*''; l'article 67 en son alinéa 1er ordonne que ''*le vote* a *lieu avec des bulletins et des enveloppes fournis par la CENI*''.

Cette règle impérative de l'usage, ensemble et inséparablement, du bulletin de vote et de l'enveloppe de scrutin est édictée par l'alinéa 2 de l'article 67, qui exige : ''*avant l'ouverture du scrutin, le Bureau doit constater que le nombre de bulletins de chaque candidat ou liste de candidats correspond exactement à celui des électeurs inscrits augmentés de 10 %. De même, le nombre des enveloppes doit correspondre aux nombres des électeurs inscrits augmentés de 10 %*''. Cette disposition est préventive de cas hypothétiques de manque ou déficit de bulletins ou d'enveloppes.

Le troisième alinéa, dans la logique de l'inséparabilité des bulletins et des enveloppes, et en prévision de cas de force majeure, prescrit : ''*si, par suite d'un cas de force de majeure, des bulletins et des enveloppes venaient à manquer, le Président du bureau de vote est tenu de s'en procurer auprès du démembrement de la CENI concerné''.* Cette exigence impérative est claire et sans équivoque.

L'alinéa 2 de l'article 82 du code électoral sanctionne toute situation qui séparerait le bulletin de vote de l'enveloppe de scrutin et considère le vote, effectué de cette manière, nul en ces termes :

1. *''l'enveloppe sans bulletin ou le bulletin sans enveloppe ;*
2. *Une enveloppe contenant plus d'un bulletin ;*
3. *L'enveloppe ou le bulletin comportant des mentions ou des signes ;*
4. *Le bulletin ou enveloppe non réglementaire.*

L'article 77 du code électoral enlève tout doute sur l'exigence du vote avec bulletin et enveloppe, en disposant *''l'urne électorale ne doit avoir qu'une seule ouverture destinée à laisser passer l'enveloppe''.* Il ne s'agit pas de bulletin ici, mais d'enveloppe.

L'alinéa 4 de l'article 79 du code dispose : *''l'urne est ouverte, les enveloppes sont comptées...* ''. Ici encore, il s'agit bien du comptage des enveloppes de scrutin et non des bulletins de vote.

La CENI, en autorisant le vote sans enveloppes de scrutin, avait pris le risque de mettre les élections présidentielles en péril pour violation de la constitution en ses principes de suffrage égal et suffrage secret et celle des articles 66, 67, 77, 79, 80 et 81 du code électoral.

□ **Du vote sans enveloppe**

La Cour Constitutionnelle à la page 7 de son Arrêt N° Æ 05 du 31 octobre 2015 *déclare* : *''Considérant que le candidat F... L... M.... soutient que le communiqué N° 2 de la CENI du 11 octobre 2015 en autorisant le vote sans enveloppe sur toute l'étendue du territoire national a violé les dispositions de l'article 81 ; qu'aux termes de l'article 67 alinéa 6 du Code électoral ''l'utilisation des enveloppes est facultative pour le bulletin unique'' ; que la CENI ayant constaté par endroits, il ya eu insuffisance d'enveloppes due à une défaillance notoire dans la distribution des enveloppes au niveau des bureaux de vote a autorisé en conséquence le vote sans enveloppe ; qu'il s'agit là d'un état de nécessité qui n'avantage, ni ne défavorise un candidat ; que l'objectif de l'utilisation de l'enveloppe est atteint par le fait que le bulletin unique est largement pliable pour cacher le choix de l'électeur et l'utilisation de l'isoloir conforte le secret du vote ; que dès lors, dans le cadre du bulletin unique, l'utilisation de l'enveloppe devient facultative ; qu'il suit que le moyen est inopérant''* Fin de citation.

La Cour invoquant l'« *insuffisance d'enveloppes due à une défaillance notoire dans la distribution des enveloppes.. »,* fonde l'irrecevabilité de la requête du candidat F.L.M. sur les dispositions de l'alinéa 6 de l'article 67 de la loi organique L/2010/001/CNT du 24 mai 2010, portant Code électoral, susmentionné.

L'exception à la règle générale impérative de l'utilisation des enveloppes en cas de bulletin unique ne doit pas répondre à la survenance'' *d'un état de nécessité qui n'avantage ni ne défavorise un candidat'',* mais à un choix délibéré de l'unicité ou de la multiplicité du bulletin de vote. Ce choix se fait impérieusement en amont du déroulement du scrutin et non en cours du scrutin puisqu'il est une dérogation aux articles 66, 67, 77, 79, 80 et 81 du code électoral.

Lorsqu'un alinéa d'un article fait dérogation aux dispositions de cet article et à cinq autres articles, il doit être admis que l'exception doit s'inscrire dans la logique contraire à celle de la règle générale, c'est-à-dire qu'en choisissant le bulletin unique, parce qu'il est expressément prévu par la loi, on ne doit plus lui associer les éléments consubstantiels à la multiplicité des bulletins. La loi est claire quand elle dispose : ''*toutefois, l'utilisation des enveloppes est facultative pour le bulletin unique*''.

Dans cette formulation, deux termes devraient faire, de la part de la Cour, une réflexion profonde, à savoir : ''*Toutefois*'' et ''*Facultatif*''.

Le terme *''Toutefois''* prend la signification de ''*malgré cela*'' de ''*en dépit de'' ou de ''nonobstant''* introduisant la mesure dérogatoire. Quand on couple *''Toutefois''* à ''*Facultatif*'' (que l'on peut faire ou ne pas faire), on arrive à la conclusion que la décision de ne pas utiliser des enveloppes est inhérente et concomitante au choix du bulletin unique.

Or, la CENI a choisi de fournir le bulletin unique et des enveloppes et la Cour constate et reconnaît '' :... *il y a eu insuffisance d'enveloppes due à une défaillance notoire dans la distribution des enveloppes au niveau des bureaux de vote...''*.

Le dernier alinéa de l'article 67, à la lumière des alinéas du même article qui le précédent, ouvrant le choix entre l'enveloppe unique et la pluralité d'enveloppes, devrait être interprété par la Cour Constitutionnelle dans la logique du principe général de droit ''*electauna via, non daturrecursus ad alteram''*, signifiant qu'une voie ayant été choisie, il n'est pas donné ou permis d'en recourir à une autre. La conséquence est, par exemple, qu'en procédure judiciaire, celui qui a choisi la voie civile de saisir le tribunal, ne peut, après coup, adresser son action à la juridiction pénale.

En disposant que ''*l'utilisation des enveloppes est facultative pour le bulletin unique,* '' l'article 67 octroie à la CENI un choix sur l'unicité ou la pluralité de bulletin. Ce choix est libre ; mais une fois qu'elle l'a effectué, elle doit s'y tenir. Il ne peut y avoir de mélange de genres, surtout que la loi est claire, il s'agit d'une faculté. Pour avoir distribué les enveloppes, ce sont les alinéas 2 à 4 de l'article 67 qui s'appliquent à toute la durée du scrutin.

Le constat et la reconnaissance de la Cour constitutionnelle auraient pu l'amener à plutôt considérer, dans son interprétation de la loi, les alinéas 2, 3 et 4 de l'article 67 du Code électoral qui disposent, citation : ''*avant l'ouverture du scrutin, le Bureau doit constater que le nombre de bulletins de chaque candidat ou liste de candidats correspond exactement à celui des électeurs inscrits augmentés de 10 %. De même, le nombre des enveloppes doit correspondre aux nombres des électeurs inscrits augmentés de 10 %. Si par suite d'un cas de force majeure, des bulletins et des enveloppes venaient à manquer, le Président du Bureau de vote est tenu de s'en procurer auprès du démembrement de la CENI concerné''*. Fin de citation.

Par ailleurs, la Cour affirme : *qu'il s'agit là d'un état de nécessité qui n'avantage, ni ne défavorise un candidat''*.

L'état de nécessité, sur lequel la Cour repose sa décision, est une notion juridique, dans le champ du droit public, qui a trait à des situations où, pour sauvegarder un intérêt supérieur, les pouvoirs publics n'ont d'autres ressources que de s'affranchir de la légalité ordinaire.

Il est bien connu que l'état de nécessité, pour justifier de s'affranchir du respect de la légalité, obéit à l'existence d'un danger actuel ou imminent, ne résultant pas d'une faute antérieure de la personne qui viole la loi pour éviter un danger et, enfin, ce qui est sacrifié doit être inférieur ou égal à ce qui est sauvegardé, sinon l'acte n'est pas justifié. En faisant allusion à ``*une défaillance notoire''* la Cour reconnaît la faute, mais n'en tire pas la conséquence logique.

Mais, il se trouve qu'à la lecture des alinéas 2, 3 et 4 de l'article 67, la loi écarte cette notion au profit de la force majeure dans l'alinéa 4 de l'article 67 susvisé.

La force majeure s'entend, quant à elle, de la circonstance exceptionnelle, étrangère à la personne qui l'éprouve ou la subit, circonstance ayant pour résultat de l'empêcher d'exécuter les prestations qui lui incombaient.

Pour que la force majeure entraîne un tel effet, il est nécessaire que le juge constate que l'événement, dont la personne se prévaut, ait eu une intensité telle, qu'elle ne peut y résister et qu'il ne doit pas y avoir de meilleure solution, pour éviter ladite circonstance, autre que de commettre la violation de la loi.

L'état de nécessité auquel la Cour constitutionnelle a fait référence manque de pertinence au regard de l'alinéa 4 de l'article 67 qui a prescrit expressément et sans équivoque la démarche à suivre quand survient l'insuffisance du nombre d'enveloppes ou de bulletins. La Cour, en statuant comme elle l'a fait, a plutôt cautionné le communiqué de la CENI qui n'est nullement prévu par la loi.

 De l'indisponibilité des bulletins de vote

Il y a lieu de s'interroger sur la solution qu'envisagerait la Cour dans l'éventualité de l'indisponibilité des bulletins de vote. À ce sujet, dans l'Arrêt N° Æ 05 du 31 octobre 2015 considère ''*que le candidat Monsieur F.L M déclare que dans la commune de Ratoma, quartier Yattaya T6 dans les bureaux de vote N° 008, 009 Franco-Arabe,*

500 électeurs n'ont pu voter dans cette zone par manque de bulletins de vote dans cette zone... Considérant que le requérant ne produit à l'appui de cette allégation aucun élément de preuve, celle-ci ne pouvant résulter de sa seule dénonciation ; qu'il y a lieu de déclarer le moyen inopérant''.

Peut-on supposer que, si Monsieur F.L.M. avait apporté la preuve à l'appui de sa dénonciation, la Cour aurait annulé le vote de ces bureaux ?

Contentieux de l'isoloir

L'isoloir est un dispositif électoral en la forme d'une cabine munie d'une ouverture fermée par un rideau, afin de n'offrir prise à aucun regard extérieur et dans laquelle l'électeur se place pour former librement son choix au moment de mettre son bulletin de vote dans l'enveloppe de scrutin.

L'article 73 du code électoral dispose, à cet égard, que " *dans chaque bureau de vote, il y a un isoloir pour 250 inscrits au maximum".*

Cette prescription de la loi a été violée lors de toutes les précédentes élections. Dans la majorité des bureaux de vote, il n'y avait qu'un isoloir alors que dans les plus petits bureaux de vote, le nombre d'inscrit excédait quatre cents inscrits. Or, la loi a dit ''*250 inscrits au maximum".* La loi ne peut être sacrifiée à l'idée de ''*ce qui est pratique*''. ''*Dura lex, sed lex'' ; la loi est dure, mais c'est la loi''* dit le vieil adage latin.

L'isoloir est la première garantie du caractère secret du vote qui permet d'en assurer la sincérité.

Le passage par l'isoloir, il faut le répéter, est obligatoire et il est de logique indiscutable que si cette prescription de la loi n'est pas respectée, le scrutin pourra être annulé.

Lors de l'élection présidentielle de 1993, la Cour suprême, alors juge électoral, avait infirmé les scrutins de Siguiri, Kankan et Kouroussa au motif que dans ces circonscriptions la règle de passage obligatoire dans l'isoloir avait été violée.

d. Contentieux de l'urne et du dépouillement

L'urne électorale est le récipient utilisé lors des scrutins pour recevoir l'enveloppe contenant le bulletin de vote secret. Elle est la seconde garantie du suffrage secret. Elle est, le plus souvent, construite en plastique transparent, pour permettre aux électeurs de constater qu'elle est bien vide au début du scrutin.

Des modèles, les plus récents, peuvent être équipés d'un appareil électronique qui permet de compter chaque enveloppe introduite.

L'article 77 du code électoral dit que ''*l'urne électorale ne doit avoir qu'une seule ouverture destinée à laisser passer l'enveloppe*'' dans la logique de l'inséparabilité de l'enveloppe et du bulletin, les alinéas 3 et 4 de l'article 79 du code électoral prescrivent : ''... *il est procédé au dépouillement de la manière suivante : l'urne est ouverte, les enveloppes sont comptées et placées par centaine dans une grande enveloppe dite « enveloppe de 100 »*. Ce ne sont donc pas les bulletins qui sont comptés à la sortie de l'urne, mais les enveloppes de scrutins.

La pratique observée en Guinée, lors des consultations successives précédentes, dans de très nombreux bureaux de vote, a consisté à ouvrir l'urne, la renverser pour la vider de son contenu et procéder au décompte des voix sur le tas. Cet usage, absolument contraire à la loi, offre le lit à toute possibilité de fraude et de contestation évitables.

Le décompte des suffrages se fait, comme on peut l'inférer de l'alinéa 3 de l'article 79 susmentionné, directement dans les bureaux de vote, ''*immédiatement après la clôture du scrutin*''. Cette disposition exclut le transport de l'urne dans des centres spécieux.

Les membres des bureaux de vote, figurant à l'alinéa 1er de cet article 79, sont tout à fait capables de procéder au décompte, sans qu'il y ait besoin à transporter ailleurs les urnes et les documents annexés. Cette mesure limite les risques de substitution.

L'exigence de transparence du décompte des suffrages rend admissible que les électeurs inscrits dans le bureau de vote puissent y assister et la présence d'observateurs nationaux ou internationaux doit être autorisée. Quant à la présence des délégués des partis politiques en lice ou ceux des candidats, elle est de droit, quoique leur absence ne peut, sauf empêchement potestatif d'autrui, entacher la validité de l'opération électorale en application du principe du ***suffrage égal et secret***, l'article 66 du code électoral prescrit le dépôt dans chaque bureau de vote des bulletins de vote et des enveloppes sur la table préparée à cet effet. Il indique comment sont assurés le caractère sécuritaire et les caractéristiques techniques de bulletins de vote.

Contentieux du Procès-verbal de dépouillement

Les procès-verbaux, conformément aux alinéas 2 et 4 de l'article 82 du Code électoral, doivent être dressés en un nombre d'exemplaires suffisant pour qu'une copie puisse parvenir à chacune des destinations prévues par les articles 83 et 84 du code électoral.

En disposant à l'alinéa 4 que *le procès-verbal de dépouillement est établi en plusieurs exemplaires, signés par les membres du bureau''*, l'article 82 du code électoral n'induit-il pas que les membres du bureau, les représentants des candidats et, éventuellement, les observateurs pourraient obtenir un exemplaire, en plus de celui qui doit être immédiatement affiché et des autres à transmettre conformément à l'article 84 du même code.

Les dispositions du dernier alinéa de l'article 84 du code électoral vont explicitement dans ce sens, en ordonnant : ''*il doit être remis à chaque représentant de candidat ou liste de candidats une copie du procès-verbal des résultats provisoires''*. On y voit la raison pour laquelle, au lieu de fixer le nombre d'exemplaires, la loi a fait usage du terme *''plusieurs''*.

L'article 86 définit le procès-verbal comme '' *un document récapitulatif établi en plusieurs exemplaires en présence des candidats ou de leurs représentants... signés de tous les membres présents...''*.

Dans un texte d'application, la CENI devrait faire figurer certaines précautions pratiques consistant, par exemple, à faire rédiger les procès-verbaux à l'aide du stylo à bille et non pas au crayon, car ce qui est inscrit au crayon peut être effacé.

Par ailleurs et en pratique, le temps nécessaire au décompte des suffrages dépend de l'efficacité du président du bureau de vote. Ce temps peut varier considérablement d'un bureau à l'autre. Il apparaît donc utile que dans le document de formation des membres des bureaux de vote soit décrite une procédure simple et éprouvée.

Le droit de tout candidat ou de son représentant dûment habilité, dans les limites de sa circonscription électorale, ''*de contrôler toutes les opérations de vote, de dépouillement des bulletins et des décomptes des voix dans tous les locaux où s'effectuent ces opérations*'' est reconnu dans l'article 88 qui appuie ce droit de la faculté ''*d'inscrire au procès-verbal toutes observations ou contestations sur le déroulement desdites opérations.*

e. Le transfert des résultats

Il y a quatre sortes de résultats : les résultats provisoires des bureaux de vote, ceux des Commissions administratives de centralisation des votes donnés par la CENI et les résultats définitifs proclamés par la Cour Constitutionnelle (après épuisement de toutes les voies de recours, à l'exception de celles relatives à l'éligibilité).

La célérité avec laquelle ces résultats provisoires sont rendus publics dépend du système de communication en usage.

Les résultats du bureau de vote sont remis au démembrement de la CENI de la circonscription électorale par le président du bureau de vote, accompagné de représentants des partis, sous la surveillance des forces de sécurité, qui portent les procès-verbaux, l'urne, etc.

Quelle que soit la rigueur avec laquelle se sont déroulées les opérations de vote et de décompte des suffrages, la transmission sécurisée des résultats est d'une importance capitale, bien que souvent négligée. Elle doit donc avoir lieu de manière transparente et sécurisée.

CHAPITRE VI

Le principe fondamental en droit électoral de l'accès au juge

Lorsque la constitution dispose dans son article 2 : ''*les élections sont organisées et supervisées par une Commission Électorale Nationale Indépendante. La souveraineté s'exerce conformément à la présente Constitution qui est la Loi suprême de l'État. Toute loi, tout texte réglementaire et acte administratif contraire à ses dispositions sont nuls et de nul effet*'', elle pose clairement les termes par lesquels l'équation du processus électoral doit être résolue.

En clair, si la CENI est l'organe organisateur et superviseur des élections, en lieu et place de l'Administration, dans l'accomplissement de ses missions et à l'occasion de celles-ci, elle prend des actes qui doivent être conformes à la constitution dont les articles 1er, 2 et 3 ont édicté les principes fondamentaux régissant la validité des opérations électorales.

Dans ces conditions, les actes de la CENI ne pouvaient pas ne pas être sous contrôle de régularité. Ce contrôle, la constitution, en son article 93 l'a attribué à la Cour constitutionnelle, en ces termes : ''*Elle veille à la régularité des élections nationales et des référendums dont elle proclame les résultats définitifs*'', avec cette précision de l'article 94 : '' *La Cour Constitutionnelle statue sur :*

- *la constitutionnalité des lois avant leur promulgation ;*
- *le contentieux des élections nationales...* ''

Partant, le contrôle des élections relève essentiellement de la Cour Constitutionnelle, qui est la juridiction garante du respect de la Constitution.

Cependant, le juge judiciaire des Tribunaux de première instance et des Justices de Paix reste compétent pour se prononcer sur certains aspects, en particulier, sur les litiges concernant les inscriptions, les radiations des listes électorales et le contentieux des élections communales.

Le Pouvoir juridictionnel, garant de la régularité des élections, contrôle l'action administrative et constitue le recours naturel contre les actes administratifs en matière électorale.

À ce titre, il faut noter que le code électoral a confié aux juridictions de base (tribunal de première instance et justice de paix) le contrôle de certains actes liés à des opérations préélectorales...

Le principe fondamental du contrôle électoral réside dans les garanties fondamentales que sont :

- l'indépendance des juges,
- l'impartialité des juges,
- l'existence d'un recours effectif,
- la nécessité de statuer dans des délais très courts.

SECTION I : Accès au juge

Le droit resterait un vœu pieux ou une idée évanescente si le justiciable n'avait pas un droit d'accès au juge, c'est-à-dire un recours aux cours et tribunaux, colonnes vertébrales de l'état de droit et garants des droits de l'homme.

Les racines de ce droit d'accès au juge sont les articles 8 et 10 de la Déclaration Universelle des droits de l'homme qui reconnaissent à toute personne le droit à un "*recours effectif devant les juridictions nationales compétentes contre les actes violant les droits fondamentaux qui lui sont reconnus par la constitution ou par la loi*", et aussi le droit "*en pleine égalité à ce que sa cause soit entendue équitablement et publiquement par un tribunal indépendant et impartial...*"

L'article 9 de la Constitution guinéenne, allant dans le même sens que ces dispositions universelles, reconnaît ce droit et proclame que '' *tous ont le droit imprescriptible de s'adresser au juge pour faire valoir leurs droits... Tous ont droit à un procès juste et équitable, dans lequel le droit de se défendre est garanti...* ''

Le droit d'accès au juge ou droit d'accès à la justice implique nécessairement, pour toute personne, la faculté d'introduire un recours contre toute violation d'un droit ou contre toute décision administrative, y compris en matière électorale et d'être entendue. À ce titre, ce droit répond à l'exigence de dignité humaine et de sécurité juridique et se présente comme un invariant de la démocratie qui repose sur la liberté et l'égalité, qui lui servent de fondement.

En matière électorale, en particulier, l'accès au juge emporte le fait que le justiciable ne soit pas empêché d'accéder au tribunal pour des raisons financières, d'où la gratuité de la procédure du contentieux électoral.

Il découle de ce qui précède que le contrôle juridictionnel est le moyen, à la disposition de l'État au profit des justiciables, de faire appliquer les règles de droit, d'en sanctionner les transgressions et défaire réparer tout préjudice résultant de sa violation. Cette effectivité du droit d'accès au juge apparaît alors comme un droit fondamental de l'homme qui renferme les autres droits. Sur cette base, il devient évident que l'accès au juge demeure la clé de voûte de la réalisation du droit, y compris le droit électoral.

Dès lors, il y a déni de Justice dans la circonstance où le juge aura refusé de répondre aux requêtes ou aura négligé de juger les affaires en état et en tour de l'être.

SECTION II : Les conditions du droit à l'accès au juge

1. L'exercice du droit d'accès au juge est soumis à la condition de respect des délais prévus par la loi ou imposés par le juge en raison des circonstances de l'affaire survenue en cours de procès (production de document, comparution de témoins, transport sur les lieux). En matière, électorale les délais sont courts et s'imposent aux parties et au juge.

2. Le juge, saisi du litige, statue préalablement sur la recevabilité de la demande en s'assurant que les conditions d'ouverture sont réunies : Intérêt, qualité, capacité, délais, formes, etc. … À l'exception de la capacité dont le défaut constitue un vice de fond, les autres conditions sont des fins de non-recevoir.

3. Toute personne a droit à une décision effective, décision motivée, et le droit de ne pas être jugée deux fois pour les mêmes faits (règle ''*ne bis in idem)*. En effet, toute décision doit exposer le raisonnement qui a conduit à la solution du litige contenue dans le dispositif. Les motifs doivent être clairs et ne doivent être ni généraux, ni dubitatifs ou hypothétiques. Le juge n'est pas tenu de suivre les parties dans le détail de leur argumentation.

La décision du juge doit contenir clairement :

▸le nom de la juridiction, ▸ les faits et la procédure, ▸ les motifs qui contiennent la règle de droit et son

application, ▸ le dispositif, toujours bref, correspond à la réponse du juge aux questions des parties ou à la sanction (exemple.

M. X est condamné à...),

▸ Le défaut de motif de la décision du juge est sanctionné,

▸ Le juge est tenu d'apporter les réponses aux questions de droit ; il n'est pas nécessaire que je juge réponde de façon expresse à tous les points. Il peut répondre de façon implicite et sans équivoque.

L'adage latin *"deminimis non curatprator"*, selon lequel *des affaires insignifiantes, le magistrat ne s'occupe pas*, s'applique davantage au juge électoral qui ne considère que l'influence ou incidence décisive ou déterminante des faits qu'il examine sur les opérations électorales.

La gratuité du recours au juge électoral accroît l'effectivité du droit électoral.

Par cela que la décision du juge électoral est un acte juridictionnel, destiné à être rendu au fond (ou principal), le code électoral et la loi relative à la Cour constitutionnelle lui ont conféré l'autorité absolue de chose jugée. La conséquence en est que la solution retenue pour le litige ne saurait être réexaminée ou ignorée par quelque autorité ou partie que ce soit. La décision est opposable à tous, y compris le juge qui ne peut pas être saisi à nouveau pour la même affaire ni pour les mêmes faits ?

Dans un système de droit constitutionnel, comme celui de la République de Guinée, qui postule le droit comme valeur ou comme finalité, l'accès au juge apparaît comme consubstantiel à l'idée même de droit.

En cela, le système guinéen s'inscrit dans la sphère du droit romano-germanique pour lequel le droit se conçoit, avant tout, dans la logique de l'accès à la justice.

À la lumière des articles 8, 9 et 10 de la Constitution guinéenne, on s'aperçoit que le droit et la justice se confondent, de telle sorte qu'il est facile d'en conclure que le droit est essentiellement conçu comme ''*actio*'' devant le prétoire. Le recours au juge prend alors toute la plénitude de la protection juridictionnelle à travers le pouvoir attribué au juge de trancher une contestation, au moyen du droit ; d'où le sens du mot ''*jurisdictio*'' qui fait du juge celui qui dit le droit.

La protection juridique effective ou sécurité juridique dépend de l'effectivité de l'accès à la justice, c'est-à-dire de la concrétisation des règles de droit, soit par la voie pacifique qu'est l'accès au droit, soit par la voie contentieuse qu'est l'accès au juge.

SECTION III : Le principe de l'influence déterminante

En raison de leur nature contraire aux principes généraux du droit électoral, les irrégularités commises dans l'organisation et le déroulement du scrutin peuvent constituer une cause d'annulation si elles ont exercé une influence déterminante sur le résultat des élections.

Les dispositions du code électoral visées plus haut permettent de distinguer deux causes d'annulation des élections.

La première, par son caractère intrinsèque, constitue une cause autonome d'annulation. Elle correspond aux circonstances dans lesquelles les irrégularités commises au cours de l'organisation et du déroulement du scrutin sont directement contraires aux principes généraux énoncés par la Constitution et le code électoral.

Par contre, lorsque les irrégularités commises n'entrent pas dans le champ de cette cause d'annulation, elles ne sont susceptibles d'entraîner l'annulation des élections que si elles satisfont à des conditions alternatives supplémentaires, qui sont de nature à fausser les résultats et à entraîner l'annulation.

En règle générale, le juge devrait considérer comme manœuvres frauduleuses les actes délictuels qui, commis de mauvaise foi, portent atteinte à la sincérité ou à la liberté du scrutin. Pour ce qui est de la seconde cause, c'est-à-dire les irrégularités résultant de manœuvres frauduleuses des candidats ou de leurs représentants, ce sont des infractions prévues et punies par les dispositions pénales contenues dans le code électoral.

Ces irrégularités sont des vices de forme, des erreurs de procédure, des infractions de tout genre, qui peuvent compromettre la régularité ou la légalité de l'opération électorale et affecter le résultat du scrutin.

Il est à noter qu'à l'inverse des manœuvres frauduleuses, les irrégularités ne sont pas commises dans un but illicite, elles ne sont pas concertées et sont souvent fortuites.

Par ailleurs, le droit électoral établit une présomption selon laquelle les irrégularités et les fraudes portent atteinte à la sincérité du scrutin. Cette présomption n'est pas forcément de *juris et de jure*, c'est-à-dire irréfragable (insusceptible de preuve contraire), elle peut être de *juristantum*, c'est-à-dire simple, donc susceptible d'être combattue par une preuve contraire. Cela dépend de la nature, de la gravité, du caractère itératif et de l'ampleur de l'irrégularité ou de la fraude.

Lorsque les dispositions de la constitution ou du code électoral ont été violées ou lorsque le candidat, soit personnellement, soit par une autre personne interposée, à son su et avec son consentement, a commis des manœuvres frauduleuses, ces circonstances ne laissent à la Cour constitutionnelle qu'une seule alternative, celle d'annuler le scrutin. La gravité de la transgression, la participation du candidat à la manœuvre et/ou l'itération seront la cause de cette annulation.

Dans tous les cas où c'est un membre de la CENI ou un préposé de cette institution qui est l'auteur de la transgression de la loi, les élections seront annulées pour le bureau de vote concerné ou, au plus, la circonscription.

En plus de la nature et de la gravité, le juge électoral prend en considération, comme cela a été dit plus haut, l'écart de voix pour observer si les résultats traduisent la volonté des électeurs, c'est-à-dire que le jugement portera sur l'adéquation entre les résultats provisoirement proclamés et la volonté majoritaire librement exprimée par les électeurs.

Ainsi, il ne suffit pas que le processus des opérations électorales soit, par endroits, émaillé d'irrégularités formelles ou de dysfonctionnements, pour entraîner l'annulation machinale des résultats des élections. Il faut que ces irrégularités formelles ou ces dysfonctionnements aient pu exercer une incidence décisive sur l'issue des élections, qu'elles soient de nature à altérer les scrutins ou à en fausser les résultats.

L'élection peut-être valable, quoiqu'on y relève des cas isolés de corruption ou d'abus d'influence, lorsqu'il est avéré qu'ils n'ont pu agir que sur un nombre restreint d'électeurs, et que l'annulation de leurs suffrages, en les supposant acquis à l'élu, ne l'empêche pas de conserver une majorité appréciable. Cependant, en cas de manœuvres frauduleuses massives, l'atteinte à la sincérité du scrutin est présumée.

Il s'ensuit que le premier élément de l'influence décisive est l'ampleur, le nombre ou l'itération des irrégularités constatées. Dès qu'il s'agit d'un fait isolé ou qui ne concerne qu'un nombre limité d'électeurs, il n'y aura pas d'annulation.

Le second élément, critère également très important, reste *l'écart de voix* séparant les candidats.

Le travail du juge électoral est un exercice d'une particulière délicatesse, puisque souvent en dépendent le cours d'une évolution politique et/ou l'issue d'un conflit que les acteurs politiques n'ont pu ou n'ont voulu régler. À l'évidence, le juge des élections se trouve investi de compétences et de pouvoirs disproportionnés aux moyens de son ministère et à son statut, mais aussi aux conséquences politiques que peuvent engendrer leurs jugements dans un contexte démocratique encore fragile.

Ainsi, les magistrats chargés de la gestion du contentieux électoral, doivent se rendre compte du poids immense de leur responsabilité. La Cour Constitutionnelle est l'espace prétorien où se croisent élections et démocratie. À cet égard, sa neutralité, son impartialité et son indépendance organiques doivent être alliées à la compétence et au dévouement de ses membres, pour départager les candidats et les partis engagés dans la compétence électorale.

En toute objectivité, le critère premier qui doit guider les magistrats de la Cour constitutionnelle est l'influence déterminante.

CHAPITRE VII

Les pouvoirs du juge électoral

SECTION I : Contrôle des différentes étapes des élections nationales

Comme il a été exposé dans les précédents chapitres, deux (2) conceptions du contentieux électoral s'affrontent. La première conception, qui jouit de la faveur de la majorité des opinions, confine le contentieux à la période postélectorale, le champ est réduit et limité au contentieux du vote et de ses résultats. La seconde conception est *lato sensu*, dans la mesure où elle considère que le processus électoral est une succession d'opérations, elles-mêmes subdivisées en étapes, dont l'ensemble est pavé de réclamations, contestations et conflits qui doivent trouver solution grâce aux offices du juge. Cette dernière conception qui étend le contentieux électoral à toute la période préélectorale, est l'objet de la présente section I qui se subdivise en :

1. contentieux préélectoral,
2. contentieux post électoral.

I. Le contrôle des opérations préélectorales

En période préélectorale, les réclamations, contestations et litiges qui peuvent survenir sont relatifs aux opérations de préparation et d'organisation des élections effectuées par les autorités électorales, notamment la CENI et la Haute Autorité de la Communication (HAC).

Le contentieux, à ce stade, touche les décisions en matière de constitution des commissions administratives électorales, d'établissement ou de mise à jour des listes électorales et du fichier électoral, de confection et de livraison des cartes électorales, de l'enregistrement des candidats et des partis politiques, de l'accréditation des observateurs et des médias, des opérations préalables (découpage des circonscriptions électorales, installation des bureaux de vote, de déroulement de la campagne électorale.

Le juge intervient dans cette phase, soit pour vider le contentieux, soit pour exercer un contrôle administratif. Cette première phase où se déroule l'ensemble des opérations et actes préparant l'élection est fortement contrôlée par le juge électoral.

A. Le contrôle des opérations préparatoires

I. LE CONTRÔLE DES OPÉRATIONS PRÉÉLECTORALES

En période préélectorale, les réclamations, contestations et litiges qui peuvent survenir sont relatifs aux opérations de préparation et d'organisation des élections effectuées par les autorités électorales, notamment la CENI et la Haute Autorité de la Communication (HAC).

Le contentieux, à ce stade, touche les décisions en matière de constitution des commissions administratives électorales, d'établissement ou de mise à jour des listes électorales et du fichier électoral, de confection et de livraison des cartes électorales, de l'enregistrement des candidats et des partis politiques, de l'accréditation des observateurs et des médias, des opérations préalables (découpage des circonscriptions électorales, installation des bureaux de vote, de déroulement de la campagne électorale.

Le juge intervient dans cette phase, soit pour vider le contentieux, soit pour exercer un contrôle administratif. Cette première phase où se déroule l'ensemble des opérations et actes préparant l'élection est fortement contrôlée par le juge électoral.

A. LE CONTRÔLE DES OPÉRATIONS PRÉPARATOIRES

Si en Guinée, la Cour constitutionnelle est le juge de la régularité des élections politiques nationales (élections présidentielles et parlementaires), ainsi que des référendums ; la loi organique portant code électoral affecte aux juridictions de base la compétence de connaître des contentieux liés aux opérations préparatoires, aux élections communales et communautaires (Districts et Quartiers).

Un rôle très actif, de la plus haute importance, est confié à la Cour constitutionnelle dans la préparation des scrutins législatifs et présidentiel. C'est ainsi qu'en vertu de l'alinéa 5 de l'article 33 de la loi organique L/2011/006/CNT du 10 mars 2011 elle peut être consultée par le gouvernement et l'Assemblée nationale sur l'élaboration des textes relatifs à l'organisation de la consultation électorale.

Contentieux de l'éligibilité

Conformément à l'alinéa 4 de l'article 29 de la loi organique relative à la Cour Constitutionnelle, celle-ci reçoit les candidatures accompagnées des listes de présentation, dont il vérifie le nombre et la validité, puis publie au journal officiel la liste des candidats et valide leurs signes distinctifs.

Ici, survient le droit à l'éligibilité, qui caractérise la situation de ceux qui remplissent les conditions légales pour se porter candidats à une élection et dans le cas d'espèce, à l'élection présidentielle. Tout citoyen trouve dans cette qualité un titre suffisant, pour briguer un mandat électif. Pour cela, l'éligibilité, qui s'entend de l'aptitude d'un citoyen à être élu, doit être vérifiée et validée, avant l'élection.

Une opération électorale est, d'abord et surtout, le face-à-face entre les électeurs et des personnes qui se portent candidates à l'exercice d'une fonction politique. Il s'agit en effet d'enregistrer la candidature de celles qui peuvent prétendre à l'exercice de la fonction suprême dans le cadre d'une élection présidentielle. Le contentieux de l'éligibilité est assurément l'étape à laquelle le juge des élections est le plus souvent saisi dans la phase de préparation du scrutin proprement dit.

Les conditions subjectives de l'éligibilité

Les conditions subjectives de l'éligibilité à l'élection présidentielle comprennent, entre autres, des prescriptions relatives à la nationalité, à l'âge, à la résidence continue, à la moralité du candidat et à la jouissance des droits civiques et des facultés mentales.

La réflexion se focalisera à la fois sur l'état civil et la capacité juridique.

Le droit positif exige du citoyen qu'il satisfasse à des exigences catégoriques, dont la méconnaissance entraine une inéligibilité du candidat.

Selon Sophie Lamoureux, « l'inéligibilité est la situation dans laquelle une personne est empêchée de se présenter à une élection ou encore celle qui s'oppose à la poursuite d'un mandat électif. On rappellera que, portant atteinte à un droit fondamental lié à l'exercice de la souveraineté, l'inéligibilité doit résulter d'un texte d'origine législative dont l'interprétation doit s'apprécier strictement [1]».

Ainsi, la notion d'inéligibilité obéit à des règles de compétence et d'interprétation que l'on trouve dans la Constitution, le code électoral et la Loi organique L/91/014 du 23 décembre 1991 relative aux conditions d'éligibilité,

---

[1] S. LAMOUREUX, « La disparition de la sanction automatique d'inéligibilité pour les comptables de fait : quel avenir pour la sanction électorale ? », *Revue Française de Droit Constitutionnel*, n° 55, 2003/3, p.609.

aux inéligibilités et aux incompatibilités visant les membres de l'Assemblée nationale.

D'une part, seule la loi pose des restrictions à la candidature. Ensuite, les inégalités ne sauraient être présumées. Il n'y a donc pas d'inégalité sans texte.

D'autre part, les règles qui établissent des limitations à la candidature doivent être interprétées strictement. La décision n° 67— 366/477 AN du 11 mai 1967 et celle du 19 mai 1969, Ducatel c/ Krivine, du Conseil constitutionnel français rappellent le principe selon lequel toute inéligibilité, qui a pour effet de porter atteinte à la liberté des candidatures doit être interprétée restrictivement.

La plupart des États africains francophones ont, soit dans la Constitution, soit dans le code électoral, des dispositions relatives aux conditions d'éligibilité à la présidence de la République.

En Guinée, en ce qui concerne les élections législatives, c'est la Loi organique L/91/014 du 23 décembre 1991 qui édicte les règles d'éligibilité, alors que s'agissant de l'élection présidentielle ces les dispositions de la constitution et celles du code électoral qui édictent de telles règles. Ainsi, l'article 29 de la constitution de la constitution de 2010 dispose que : « *Tout candidat à la Présidence de la République doit être de nationalité guinéenne, jouir de ses droits civils et politiques, d'un état de bonne santé certifié par un collège de Médecins assermentés désignés par la Cour Constitutionnelle et être âgé de trente — cinq ans au moins* »[1]. Son article 60 indique « *l'âge minimum pour être éligible à l'Assemblée nationale est de 25 ans révolus* » et l'article 61

[1] Cette disposition est modifiée par l'article 42 de la Constitution de 2020

précise « *nul ne peut être candidat s'il n'est présenté par un parti politique légalement constitué* »[1].

Les conditions objectives de l'éligibilité

Tout citoyen, s'il satisfait aux conditions subjectives susmentionnées, doit constituer un dossier qu'il devra déposer dans les délais prescrits par la loi.

La déclaration de candidature doit se faire au greffe de la juridiction constitutionnelle. L'enregistrement constitue l'acte par lequel l'organe en charge de l'organisation de l'élection constate la régularité de la déclaration de candidature. Aux termes des lois électorales, le dépôt de candidature peut être assuré aussi bien par le candidat lui-même que par son représentant ou le mandataire du parti en cas d'investiture d'un organe politique.

C'est ce qui résulte de l'alinéa 2 l'article 29 de la constitution de 2020 et de l'article 144 du code électoral de 2017. L'enregistrement de candidature est subordonné au **respect des conditions de forme et de fond**. La déclaration de candidature comme soulignée dans l'article 142 du code électoral de 2017 incombe au parti ou de l'ensemble des partis en cas de coalition ou encore au mandataire du candidat ou au candidat lui-même lorsque celui-ci se présente à titre de candidat indépendant.

À la lecture de ces dispositions, il convient de relever que la candidature est subordonnée à des conditions positives qui sont la nationalité, l'âge, la capacité et la résidence

s'agissant de la **condition de nationalité**, elle est toujours prévue. Cependant, l'exigence de conditions spécifiques de nationalité est illégale.

Quant à **la condition d'âge**, elle varie selon les pays, actuellement. La constitution de 2010, en son article 29

[1] L'article 68 de la constitution de 2020 modifie cette disposition en donnant plus de détails aux conditions de candidature à l'Assemblée nationale et en ramenant l'âge à 18 ans.

fixait à 35 ans l'âge minimum pour être candidat à l'élection présidentielle. La constitution de 2020 et le code électoral[1] ne semblent pas se soucier de la condition d'âge, celle-ci n'y figure pas.

En ce qui concerne l**a résidence**, celle-ci est comprise comme la résidence habituelle, s'applique au citoyen par naturalisation. Une condition de durée de 10 ans est imposée par l'article 128 du code électoral de 2017.

Que peut faire le juge face à des dispositions constitutionnelles et législatives qu'il est chargé d'interpréter et dont l'application a pour effet d'exclure des postulants de la compétition pour la conquête et l'exercice du pouvoir ?

Dans le sens de l'apaisement du jeu politique, le juge devrait faire appel aux principes du droit électoral qui font l'objet d'une reconnaissance internationale et qui figurent dans des textes que l'État auquel il appartient a ratifié comme le Pacte international relatif aux droits civils et politiques du 16 décembre 1966 et la Charte africaine des droits de l'homme et des peuples.

En effet, en vertu des dispositions de l'article 151 de la constitution de 2010, reprises par l'article 150 de la constitution de 2020, une fois ratifiés et réceptionnés dans l'ordre juridique interne, comme c'est le cas dans la plupart des États africains, ces textes ont une valeur supérieure au droit interne et le juge dispose alors d'instruments juridiques pour interpréter les dispositions pertinentes en matière de liberté de candidature en ayant à l'esprit la préoccupation de sauvegarder l'égalité des chances pour tous d'accéder aux fonctions politiques et la paix civile. En cas de doute, la liberté de candidature doit prévaloir.

À ces conditions de forme s'ajoutent plusieurs autres, **notamment le cautionnement obligatoire,** prévu par les

[1] Loi organique L/2017/039/AN du 24 février 2017

articles 172 à 173 du code électoral de février 2017. La caution est la contrepartie de la prise en charge par la CENI des frais d'impression des bulletins de vote. Elle est remboursée au candidat ayant recueilli au moins 5 % des suffrages exprimés.

Le candidat qui a satisfait à ces conditions dépose sa déclaration de candidature au greffe de la Cour constitutionnelle.

Le cautionnement a pour objectif de dissuader les candidatures fantaisistes.

La capacité juridique

Tout être humain a la qualité de sujet de droit. Ce statut lui confère des droits et lui impose des obligations. Il a vocation à exercer ses droits et en jouir, c'est-à-dire à les mettre en œuvre par lui-même. Mais certaines circonstances peuvent entrainer la privation ou la restriction de l'exercice ou de la jouissance de ces droits.

L'éligibilité est le droit appartenant à tout citoyen, remplissant les conditions de la loi, de se porter candidat afin de se faire élire pour un mandat public de son État. L'éligibilité constitue, dit-on, la face passive de l'élection.

L'état de bonne santé des candidats

La bonne santé, qui n'est pas l'absence de toute affection, est attestée par un collège pluridisciplinaire de médecins désignée par la Cour constitutionnelle.

Sur le fondement de l'article 164 du code électoral, la liste des candidats peut être contestée devant la cour constitutionnelle par *« tout parti engagé »* dans l'élection présidentielle.

Cette procédure, en apparence, contraire à l'article 99 de la constitution qui dispose que les décisions de la Cour Constitutionnelle ne sont susceptibles d'aucun recours, est en harmonie avec l'article 29 de la constitution qui fixe les conditions de l'accès à la fonction de président de la République.

En réalité, cette disposition conforte le pouvoir de contrôle de la régularité des élections dévolu à la Cour, spécifiquement en ce qui concerne la qualité des candidatures.

Pour sauvegarder le principe du suffrage égal et secret et la transparence du processus électoral, les chartes de l'Union africaine et de la CEDEAO relatives à la démocratie et la bonne gouvernance, dont il est fait mention dans le préambule de la Constitution, engagent leurs États membres à confier l'organisation et la supervision des élections à un organe neutre et indépendant (CENA, CENI, CEI).

Dans cet esprit, les articles 2, alinéa 5 et 132 ont attribué à la Commission électorale nationale indépendante (CENI) l'organisation et la supervision des élections.

Le code électoral a fixé les règles qui régissent, à tous égards, l'organisation de l'ensemble du processus électoral.

L'autorité électorale, comprenant la Cour Constitutionnelle, la Haute Autorité de la Communication (HAC) et la CENI, doit vérifier que prennent part au vote, tous les citoyens qui jouissent de leurs droits civils et politiques.

Elle s'assure que ceux qui possèdent cette qualité puissent effectivement voter ou se porter candidats.

Cette vérification, selon le code électoral, implique la parfaite tenue de la liste des électeurs, la convocation de ceux-ci en temps utile et la possibilité pour les omis ou exclus d'attaquer la composition irrégulière du corps électoral, en violation du principe du suffrage universel englobé dans l'alinéa 3 de l'article 2 de la Constitution et de l'article 3 du code électoral.

Les articles 6 à 37 du code électoral contiennent la qualité d'électeur, les conditions d'inscription sur la liste électorale, sa tenue, sa révision périodique et la mise à jour du fichier électoral, sur le contrôle y relatif, sur la confection et la délivrance des cartes électorales et sur la faculté pour tout électeur d'obtenir toute correction le concernant ou, à défaut, une décision de la commission électorale ou du juge du contentieux préélectoral.

En plus de l'organisation et de la supervision des opérations dévolues à la CENI, du contrôle et de la surveillance exercée par les partis politiques au quotidien sur le terrain, la loi prévoit un contrôle *a posteriori* exercé par le juge saisi des réclamations dirigées contre tous actes ou de toute partie des opérations des commissions administratives.

Tout électeur, qui n'aura pas été inscrit ou dont l'inscription est contestée, peut intenter un recours devant la juridiction d'instance du lieu de sa résidence.

Tout citoyen, omis sur la liste électorale par suite d'une simple erreur matérielle, peut aussi exercer un recours devant le Tribunal de sa résidence. Le droit est reconnu à tout électeur inscrit sur la liste électorale le droit de réclamer l'inscription ou la radiation d'un électeur (articles 17, 24, 25 du code électoral).

Le président du tribunal d'instance saisi notifie sa décision dans les deux (2) jours à l'intéressé, à la CENI ou à ses démembrements qui rédigent ou modifient les fichiers d'inscription, de radiation ou de réinscription.

Le recours contre les décisions de la commission administrative est formé sur simple déclaration au greffe du tribunal. Dans les dix (10) jours qui suivent ladite déclaration, le président statue si la demande portée devant lui n'implique pas la solution d'une question préjudicielle. Sa décision est rendue en dernier ressort.

B. Le contrôle de la campagne électorale et des opérations de vote

C'est à travers la réglementation de la campagne électorale que l'on essaye de rendre effectifs, dans la liberté, le principe d'égalité et la moralisation de la vie publique par le contrôle du temps de propagande, de celui des moyens de communication, de l'accès aux médias publics, des moyens matériels et financiers utilisés et l'interdiction d'usage discriminatoire des moyens des personnes morales de droit public. Il s'agit là de sources potentielles de contentieux dans la phase de la campagne électorale.

L'ouverture, avant le scrutin, de la campagne électorale est fixée par l'article 30 du code électoral, qui impose les modalités suivantes :

- Sept (7) jours francs (Conseils de quartier et de district) ;
- Quinze (15) jours, pour les Communales ;
- Trente jours (30) jours, pour les législatives et la présidentielle.

La fermeture de toutes les campagnes a lieu, pour toutes les élections, la veille du scrutin à zéro heure.

Pendant cette période les candidats doivent recevoir un traitement égal dans l'utilisation des moyens de propagande. S'il revient à l'organe de régulation des médias d'assurer cette égalité ; il appartient à la cour constitutionnelle de veiller à l'égalité entre les candidats. Elle peut, en cas de besoin, adresser des injonctions aux autorités concernées ou aux candidats dont l'attitude est contraire à la loi.

La cour constitutionnelle intervient, en vertu de l'article 62 de la constitution, dans le déroulement de la campagne électorale, dans les circonstances spécifiées aux articles 59 et 61 du Code électoral. Il lui appartient, en effet, de surveiller le déroulement des opérations de vote. Pour cela, l'article 29 de la L/2011/006/CNT, lui donne droit de désigner des délégués qui sont chargés d'effectuer des contrôles dans les bureaux de vote le jour même du scrutin.

Lors du dépouillement des documents électoraux, la Cour apprécie les dénonciations qui lui sont adressées ;

lorsque celles-ci sont susceptibles d'influencer les résultats du scrutin, elle les prend en considération au moment de proclamer les résultats définitifs. C'est le cas de la campagne faite le jour du scrutin dans un bureau de vote, à travers le port du signe distinctif d'un candidat.

C. Le contrôle postélectoral des élections nationales

En Guinée, selon l'article 93 de la constitution, la proclamation des résultats des élections nationales (présidentielles et législatives) et leur contentieux sont du ressort de la cour constitutionnelle.

Pour les élections présidentielles, la cour constitutionnelle a la charge de la surveillance du recensement général des votes, ce qui la conduit à vérifier le nombre de voix obtenues par chaque candidat. Dans le même temps, elle examine toutes réclamations inscrites aux procès-verbaux des opérations de vote à la demande des électeurs, ces derniers ne pouvant pas saisir directement la cour constitutionnelle.

Celle-ci peut, en revanche, être saisie par le représentant de l'État sur les opérations relatives à une circonscription ou par tout candidat dans les quarante-huit heures suivant le scrutin.

En cas d'irrégularités manifestes, la cour constitutionnelle peut soit procéder à des annulations partielles — ce qu'il a déjà fait lors de la présidentielle de 1993 — soit prononcer l'annulation de l'ensemble de la consultation, ce qui n'est jamais arrivé et qui demeure une hypothèse peu probable.

Les articles 165 à 167 et 184 à 187 du code électoral donnent la possibilité à tout candidat au scrutin national, dans le délai fixé par l'article 33 alinéa 2 de la constitution, de contester la régularité des opérations électorales devant la cour constitutionnelle.

D. Limites tenant aux acteurs du jeu politique

Ces limites s'analysent en deux volets : un volet ayant trait aux moyens de preuves, un autre tenant aux aspects formels et de pertinence de la saisine par les acteurs politiques.

S'agissant des moyens de preuve, en matière électorale, c'est la règle *''actori incumbit probatio''* qui est appliquée. Ce qui signifie qu'il est à la charge du demandeur de prouver les faits qu'il allègue. Bien plus, ces faits doivent être dénoncés de manière précise et formelle.

Conséquemment, chaque grief invoqué doit être assorti de justifications relatives au temps, aux circonstances, au lieu où sont survenus les faits, aux personnes auteurs des faits. Dans la plupart des cas, malheureusement le requérant n'est en mesure d'apporter que des éléments d'informations partielles d'une faible valeur pondéreuse.

Ce qui fait que les difficultés de gestion du contentieux post électoral proviennent principalement de l'ignorance ou de la méconnaissance des spécificités de ce contentieux. C'est dans ce sillage que le juge électoral guinéen, par son arrêt N° 005 du 29 juillet 2002 (chambre constitutionnelle et administrative de la Cour suprême) a rejeté une demande d'annulation de l'élection législative du 30juin 2002, déposée par l'Union pour le Progrès de Guinée (UPG).

Pour le juge, les accusations graves de l'UPG ne sont basées que sur des *''relevés de chiffres manuscrits dont certains comportent des signatures non authentifiées et qui, pour ce motif, ne peuvent avoir aucune valeur probatoire''*.

Cet arrêt montre, concernant les moyens de preuve, que le juge constitutionnel n'accorde de crédit qu'à la preuve légale, aux observations et constations des délégués de la cour constitutionnelle, aux faits signalés par les membres des démembrements de commission électorale nationale indépendante et par les délégués de la cour constitutionnelle. En effet, pour le juge électoral, seuls les faits signalés avec précision par les procès-verbaux font foi.

À l'évidence, il est compréhensible, à maints égards, que les mentions portées sur les PV fassent foi jusqu'à preuve du contraire. Il est, en effet, difficile, voire périlleux de suivre et prêter conséquence à l'attitude paradoxale qui consiste, pour les candidats ou partis politiques, après la proclamation provisoire des résultats, de soulever intempestivement des irrégularités dans les bureaux de vote où leur propre représentant a signé le PV des résultats, approuvant les résultats et sans aucune mention d'incidents.

Or, il est incontestable que l'absence de mention d'une contestation au procès-verbal par le représentant d'un parti est synonyme de la régularité des opérations de vote certifiée par le parti.

Alors, dans de telles conditions, peut-on prêter foi à une contestation de cette nature ?

Le cas du juge constitutionnel ivoirien, dans sa décision du 3janvier 2010, est instructif à bien des égards : *''Aux termes de la décision du Conseil constitutionnel, les irrégularités graves et nombreuses de nature à entraver la sincérité et la régularité des résultats du vote dans les 7 départements visés, allégués par le requérant GBAGBO sont relatives notamment : à l'absence de ses représentants et délégués dans les bureaux de vote ; au bourrage d'urnes, au transport des procès-verbaux par des personnes non autorisées ; à l'empêchement de vote des électeurs ; à l'absence d'isoloirs ; à la majoration des suffrages exprimés''.*

Les six moyens ou griefs retenus par La Cour

Constitutionnelle ivoirienne ne sont pas assortis de preuves et de précisions suffisantes propres à établir le bien-fondé de la décision qui a été à l'origine de la situation délétère ainsi imposée aux populations ivoiriennes.

i. La vérification des élections contestées

En matière électorale, comme dans toute autre matière, ainsi qu'il en a été question dans le chapitre 2, le juge ne peut se prononcer que sur la cause et l'objet dont il est saisi, c'est-à-dire sur les recours visant à mettre en cause un scrutin déterminé.

Ce principe procédural ne s'oppose pas, en pratique, à ce que le juge électoral statue sur la régularité de l'ensemble de l'élection. Au contraire et d'un point de vue pragmatique, les jurisprudences électorales montrent que le juge électoral fait preuve, par souci de prudence et de respect de la volonté des électeurs, sauf en matière de délais, d'un certain libéralisme en ce qui concerne la recevabilité des recours.

Le juge est confiné à n'admettre la recevabilité que les seuls griefs, invoqués dans les délais, à l'encontre du résultat de l'élection contestée, c'est-à-dire l'élection du candidat ou de la liste proclamé(e) vainqueur. La contestation doit concerner soit la violation de principes essentiels édictés par les lois relativement à la régularité des élections, soit des manœuvres ou fraudes affectant la sincérité du scrutin.

Dans le cas de violation des commandements de la loi, dès lors que les conditions d'organisations des élections n'ont pas obéi aux principes d'universalité, d'égalité et de secret, toute l'élection devient nulle et le juge n'a d'autre alternative que de sanctionner l'autorité électorale.

Dans le cas où la juridiction électorale caractérise un vice substantiel concomitant ou subséquent à une violation des principes fondamentaux définis par la constitution ou de la loi, elle annule les élections en cause sans être tenue de s'interroger sur l'incidence des irrégularités commises sur la sincérité du scrutin. La violation de la loi, qui garantit de la sincérité du scrutin, corrode tout le processus.

À titre d'exemple, l'absence d'isoloirs, l'insuffisance d'enveloppes de scrutin et de bulletins de vote, l'obscurité dans la salle de dépouillement, la perte du procès-verbal, l'absence de signature de candidats sur la déclaration de candidature enregistrée à la CENI sont, entre bien d'autres, des causes absolues d'annulation partielle ou totale.

Aussi, le juge peut considérer que la mise à disposition d'une salle de réunion communale au profit d'un candidat ou d'une liste de candidats constitue une aide proscrite, au regard du principe de traitement égal des candidats, sauf à prouver que la même assistance est consentie aux autres candidats ou listes.

S'agissant des recours au motif de manœuvres et de fraudes, le juge, ne pouvant statuer*ultra petita*, s'interroge sur la régularité des comportements qui ont concouru au résultat contesté. Cette hypothèse le conduit à n'examiner, en fait, que les actes et les faits accomplis par le candidat (ou les candidats de la liste) proclamé vainqueur, ceux qui peuvent lui être imputés et tous ceux dont il a pu être bénéficiaire.

Le juge ne se préoccupe pas, en général, de ceux accomplis par les autres candidats ou susceptibles de leur être imputés. Dans la circonstance extrême où il prend en compte les comportements des candidats malheureux, à la demande du candidat proclamé vainqueur, qui les aura invoqués comme moyen de défense, ils viennent en atténuation des effets de ceux reprochés à ce dernier sur la sincérité des opérations électorales. Les irrégularités, même graves, en quelque sorte, s'annulent.

Il faut dire que le juge applique, dans ce cas, la règle de la réciprocité de la méconnaissance des dispositions législatives qui ne pourrait avoir pour effet, malgré les griefs mutuellement articulés par l'un contre l'autre, de porter atteinte à la liberté de choix des électeurs ou à la sincérité du scrutin.

L'interrogation qu'inspire cette hypothèse de méconnaissance réciproque est de savoir si la faute est-elle moins condamnable parce qu'elle est partagée ?

Le juge peut-il oublier l'intérêt de l'électeur de voir se dérouler les élections conformément aux prescriptions légales et réglementaires ?

Il ne suffit donc pas que le juge constate qu'une irrégularité a été commise, ou qu'un acte soit illégal a été, pour annuler une élection. Il doit rechercher *in concreto* l'incidence de cette irrégularité sur la sincérité et les résultats du scrutin.

Ainsi, dans la majorité des cas, les irrégularités commises dans le déroulement des opérations électorales n'entraînent l'annulation du scrutin qu'en cas de faible écart de voix entre les candidats ou les listes de candidats.

ii. L'annulation de l'élection

Si, selon toute apparence, on conçoit que la mission du juge électoral est limitée au jugement des élections contestées, on pourrait alors penser qu'elle consiste à en contrôler la régularité, c'est-à-dire à vérifier que les opérations qui y ont conduit se sont déroulées conformément au droit. Dans cette logique, si le juge en venait à la constatation que les actes et les faits accomplis par le vainqueur, ainsi que ceux de tous ceux qui ont concouru à sa victoire sont constitutifs de violation des règles de comportement que le Code électoral et d'autres lois ont énoncées, il est facile d'admettre qu'il doit prononcer l'annulation pure et simple de l'élection.

L'élection est un domaine où la sécurité juridique constitue une donnée hautement sensible et, en raison de la passion possessive dont elle est porteuse, soulève des questions juridiques délicates qui, elles, n'appellent pas forcément des solutions identiques à celles que pose l'annulation d'un acte illégal.

C'est en cela que le droit électoral marque sa différence avec le droit administratif. En effet, en matière électorale, la règle est que, non seulement le candidat proclamé élu reste en fonction jusqu'à ce qu'il soit définitivement statué sur la contestation de son élection, mais aussi que ses actes qu'il a posés demeurent parfaitement valables au regard des règles de compétence.

Si, en matière administrative et constitutionnelle, l'acte annulé ne peut être, en principe, repris ou le texte contraire à la Constitution promulguée, l'annulation d'une élection conduit nécessairement à une nouvelle élection qui peut parfaitement en confirmer les résultats. La seule exception à ce principe touche à l'éligibilité du candidat (ou de l'un des candidats de la liste) proclamé élu, une personne déclarée inéligible est déchue par le juge, articles 119, 120, 140, 142 du code électoral.

Dans tous les autres cas, le choix des électeurs ne peut être mis en cause par le juge. Seules les conditions dans lesquelles ce choix s'est opéré peuvent être critiquées. Dès lors, les électeurs ont toute latitude pour effectuer, lors d'une nouvelle élection, un choix identique.

Pour éviter d'y avoir recours, les textes reconnaissent au juge le pouvoir de rectifier ou inverser les résultats de l'élection contestée. Mais à la condition qu'il soit dans la possibilité de mesurer l'incidence numérique exacte des erreurs ou irrégularités, même les plus vénielles.

Sur les résultats contestés, il peut, sur la base du nouveau décompte effectué par lui, procéder à une substitution d'élus. Les circonstances de l'espèce sont rares avec la conséquence que l'utilisation par le juge électoral d'un tel pouvoir demeure exceptionnelle.

À ce jour, le juge électoral guinéen n'en a jamais fait utilisation, sans cependant que l'on puisse affirmer qu'il y ait là, de sa part, une position de principe. Lors des élections législatives de 2013, la mise en œuvre d'un tel pouvoir avait été sérieusement envisagée avant d'être abandonnée dans la décision finale, en raison de l'impossibilité de déterminer avec certitude l'incidence numérique exacte des agissements constatés sur les résultats de l'élection.

a) L'annulation systématique

Les deux hypothèses dans lesquelles on peut dire avec certitude que le juge annule systématiquement l'élection contestée sont :

- celle du constat de violation de la loi par l'autorité électorale, relativement à l'organisation du scrutin,
- celle de l'inéligibilité du candidat élu, ou de son suppléant.

L'une et l'autre hypothèse affectent nécessairement et substantiellement la régularité de l'élection puisque, par hypothèse, le candidat proclamé élu ne pouvait être élu.

Au demeurant, l'inéligibilité est l'un des rares moyens susceptibles d'être soulevés d'office par le juge électoral et, à tout moment, par les requérants, sur la précision que l'inéligibilité d'un ou de plusieurs candidats de la liste ayant emporté l'élection n'entraîne que l'annulation de l'élection du ou des candidats inéligibles. En conséquence, le juge proclame l'élection du ou des suivants de la liste.

Le juge doit exiger et vérifier, avant d'envisager l'annulation de l'élection contestée, que les comportements irréguliers sont constitutifs de manœuvres, c'est-à-dire les comportements licites ou illicites destinés à faire pression sur les électeurs ou à les tromper, ou de fraudes consistant en des comportements illicites visant à fausser le recensement des bulletins et le décompte des voix.

Cette obligation situe toujours le juge dans une imperturbable logique de vérification de la régularité juridique de l'élection contestée. Mais, il est bien rare que manœuvres et fraudes, même graves, soient par elles-mêmes, et en tout état de cause suffisantes pour entraîner, sur cette seule base, une annulation.

b) L'annulation opportune

La logique du droit électoral est simple, le seul constat d'irrégularités, même graves, n'est pas suffisant pour entraîner la décision d'annulation d'une élection contestée. Le juge ne s'interroge pas sur le point de savoir, s'il y a lieu d'annuler l'élection contestée en raison de la gravité des irrégularités constatées, mais plutôt si, en raison de leur incidence sur son résultat, il est opportun qu'il soit procédé à une nouvelle élection.

Dès l'instant qu'il a l'intime conviction que, abstraction faite de ces irrégularités, le résultat de la nouvelle élection aurait été identique à la précédente, il refusera d'annuler l'élection contestée.

Au contraire, s'il a la conviction que des comportements irréguliers ont pu fondamentalement fausser le choix des électeurs et qu'une nouvelle élection s'avère nécessaire pour faire apparaître la volonté réelle des électeurs ; alors et seulement, dans ce cas, il prononcera l'annulation de l'élection contestée.

Ainsi, le juge se place solidement sur le terrain de la fonction de vérification de la régularité juridique de l'élection contestée, pour se constituer en juge de la sincérité du scrutin.

L'annulation ne sanctionne plus le fait que l'élection du candidat proclamé élu ait été acquise grâce à des comportements irréguliers, mais le fait que de tels comportements, dans les circonstances de l'espèce, ne permettent pas d'avoir la certitude qu'elle correspond à la volonté réelle et prépondérante des électeurs.

L'appréciation de l'incidence déterminante ou décisive des comportements irréguliers sur les résultats du scrutin est un exercice périlleux. Particulièrement délicate, elle comporte, en tout état de cause, une bonne part de subjectivité, puisque tirant sa substance de l'intime conviction du juge. Il est souvent reproché au juge une tendance à minorer cette incidence. L'Arrêt n° 19/CS/CCA du 15 novembre 2013 a fait les frais de cette perception de la décision du juge.

En définitive, l'effet pondéreux de l'écart de voix est la force qui fait basculer la décision d'annulation d'un scrutin. Lorsque la victoire est acquise à une large majorité, le juge est en droit de penser que les irrégularités constatées, même graves, n'ont pas exercé d'influence déterminante sur le résultat de l'élection. Plus précisément, si le juge en arrive, pour de bonnes raisons, à croire qu'une nouvelle élection opposant les mêmes candidats, dans des conditions dont rien ne garantit qu'elles soient régulières, quand bien même on pourrait l'espérer, est inutile.

A contrario, et uniquement en ce cas, si le résultat de l'élection contestée est d'une mince ténuité et si le juge peut douter, qu'en raison des irrégularités constatées, il ne puisse correspondre à la volonté réelle des électeurs, il peut décider, par voie de conséquence, qu'il y a lieu qu'ils s'expriment par un nouveau suffrage

Dans le contentieux des élections politiques, tant au niveau national que local, l'écart de voix est aujourd'hui fermement établi, par les jurisprudences des juridictions électorales.

De nombreuses critiques reprochent au juge électoral de se comporter en juge politique se contentant de ne prononcer que des condamnations morales et d'être trop timide de crainte d'être désavoué par les électeurs ou par les détenteurs du pouvoir de nomination.

La loi n'a pas attribué au Juge d'une élection contestée le pouvoir de prescrire le renouvellement systématique des opérations électorales, le refrénant d'être juge des comportements des candidats et autres acteurs de la compétition électorale, à l'égard desquels il ne dispose d'aucun pouvoir de sanction.

Il faut admettre qu'une attitude de courage, de sa part, peut améliorer bon nombre de choses et accroître sa capacité à faire respecter les dispositions du Code électoral visant à garantir la loyauté de la compétition électorale. En l'état du droit, il partage cette mission avec le juge pénal.

Le territoire national n'étant pas une circonscription unique, il ne peut être envisagé d'annuler le scrutin, pour irrégularités commises ou survenues, que limitativement à des bureaux de vote ou à des circonscriptions.

L'annulation de la totalité des suffrages, pour tout le territoire national, comme conséquence directe de l'annulation de résultats électoraux de nombreux bureaux de vote, n'est possible que si l'amplitude des irrégularités ou de la violation de la loi influence, de manière déterminante, les résultats généraux des élections.

II. Le pouvoir de reformation par rectification des résultats.

C'est ici que s'inscrit le pouvoir d'appréciation le plus étendu du juge électoral. Tout d'abord, en cas d'anomalies caractérisées, le juge rectifie le nombre de voix obtenues par un candidat, il peut, dans ce cas, attribuer à un candidat des suffrages et soustraire, à celui qui en était bénéficiaire, les suffrages irréguliers.

Sur la base de ces nouveaux calculs, il peut proclamer élus certains candidats, aux lieu et place d'autres candidats, dont il annule les suffrages. Mais il n'a le pouvoir de le faire que si les éléments dont il dispose lui permettent de rétablir avec certitude la volonté des électeurs.

Si la rectification des voix repose sur une simulation hypothétique, ce pouvoir lui échappe, et, à cet égard, la frontière entre la certitude du résultat obtenu en rectifiant une irrégularité et la simulation hypothétique peut s'avérer délicate.

En dehors de ces cas, l'annulation des élections repose sur un mécanisme original, propre aux élections.

Le juge recherche *in concreto* l'incidence de cette irrégularité sur la sincérité et les résultats du scrutin.

Ainsi, dans la majorité des cas, les irrégularités commises dans le déroulement des opérations électorales n'entraînent l'annulation du scrutin qu'en cas de faible écart de voix entre les candidats ou les listes de candidats.

L'annulation partielle ou totale emporte l'organisation de nouvelles élections.

SECTION II : Contrôle de la sincérité du scrutin

De tout ce qui précède, la notion de " **sincérité du scrutin** "apparaît, sans doute, comme l'une des plus importantes du droit électoral. Le juge électoral, quel qu'il soit, l'utilise très fréquemment dans ses décisions et lui fait même jouer un rôle prépondérant, puisque c'est son respect ou son atteinte qui détermine, le plus souvent, le sort du contentieux électoral.

Placée au cœur même du droit électoral, la notion de **sincérité du scrutin** souffre cependant d'une sorte de défaut de visibilité.

Vue de loin, on peut définir la sincérité du scrutin comme **le révélateur de la volonté réelle de l'électeur**. Dès lors que celle-ci ne peut pas être connue de manière certaine, et donc qu'il est impossible de connaître avec certitude le choix majoritaire des électeurs, l'élcction est annulée par le juge.

Cette notion en apparence éclatée trouve son unité autour du respect des principes fondamentaux du droit électoral développés dans les chapitres précédents.

Ces principes sont : l'universalité du corps électoral, l'égalité des électeurs et des candidats, la liberté de vote consubstantielle au caractère secret du scrutin. Ils sont d'ailleurs si importants qu'ils font l'objet, dans la plupart des démocraties respectueuses de l'État de droit d'une consécration constitutionnelle.

Pour cette raison, la Constitution les proclame-t-elle dans son article 2 que " *le suffrage est universel, direct, égal et secret* ".

Même si cet article ne fait pas référence de manière expresse à la liberté de suffrage, celle-ci est implicite : toute violation de cette liberté serait, en effet, directement contraire au principe démocratique réaffirmé à l'article premier de notre Constitution.

Si ces principes ont une valeur identique, leur portée peut être variable : la sincérité du scrutin peut, en effet, se mesurer de manière collective à travers le corps électoral considéré dans son ensemble ou bien à travers l'électeur à titre individuel.

I. La sincérité du scrutin et le corps électoral

La sincérité du scrutin implique, comme nous l'avons vu, que le résultat de l'élection soit l'exact reflet de la volonté, exprimée directement par la majorité du corps électoral.

C'est pourquoi la perception collective de cette notion, en tant qu'elle s'applique à l'ensemble de ce corps, est primordiale. Et, ici, deux principes vont être actionnés : le principe d'égalité et le principe de liberté. Il en a été largement question dans cette étude.

La sincérité du scrutin, comme expliqué plus haut, ne peut être attestée que si l'on peut connaître clairement le choix — et donc la volonté — de l'électeur.

En outre, cette volonté et ce choix ne doivent pas être faussés par la fraude. Car organiser de bonnes élections politiques, c'est procéder à une transmission du pouvoir ou du mandat aux personnes que les citoyens ont choisies pour diriger les affaires publiques dans un système de démocratie représentative.

Il faut avoir à l'esprit que l'article 21 de la Déclaration universelle des Droits de l'Homme dispose entre autres que « *La volonté du peuple est le fondement de l'autorité des pouvoirs publics ; cette volonté doit s'exprimer par des élections honnêtes qui doivent avoir lieu périodiquement, au suffrage universel égal et au vote secret, ou suivant une procédure équivalente assurant la liberté du vote.* »

Si cette disposition n'est pas contraignante pour les États, celle de l'article 25 du Pacte international relatif aux droits civils impose de véritables obligations, en ces termes : '' *Tout citoyen a le droit et la possibilité, sans aucune des discriminations visées à l'article 2 et sans restrictions déraisonnables :*

a) De prendre part à la direction des affaires publiques, soit directement, soit par l'intermédiaire de représentants librement choisis ;

b) De voter et d'être élu, au cours d'élections périodiques, honnêtes, au suffrage universel et égal et au scrutin secret, assurant l'expression libre de la volonté des électeurs ;

c) D'accéder, dans des conditions générales d'égalité, aux fonctions publiques de son pays''.

Ce principe est repris par la Charte africaine des Droits de l'Homme et des Peuples en son article 13 alinéa 1 ainsi libellé : « *Tous les citoyens ont le droit de participer à la direction des affaires publiques de leur pays, soit directement, soit par l'intermédiaire de représentants librement choisis, ce, conformément aux règles édictées par la loi.* »

La connaissance claire du choix de l'électeur se retrouve à travers la notion de *suffrages exprimés,* suffrages qui sont seuls pris en compte pour le calcul des résultats.

La fraude électorale est, évidemment, une atteinte majeure à la sincérité du scrutin et c'est d'ailleurs pour ce motif que les articles 200 à 223du Code électoral prévoient, lorsqu'elle est révélée, de lourdes peines pour la sanctionner.

À titre préventif, le code électoral prévoit toute une série de dispositions très précises destinées à éviter la fraude aussi bien pendant le déroulement des opérations de vote que pendant le dépouillement, période particulièrement sensible.

À titre répressif, outre les éventuelles sanctions pénales déjà évoquées, la fraude est également génératrice de l'annulation du scrutin.

Toutefois, l'effet " radical " de la fraude doit être relativisé par la notion d'*influence déterminante* et la délicate question de l'*identification du fraudeur.*

La théorie de l'*influence déterminante* est au contentieux électoral ce que celle des *formalités substantielles* est au contentieux de la légalité.

En cas de fraude, le scrutin n'est annulé que si celle-ci a eu une influence décisive sur le résultat, le juge électoral n'étant pas juge de la moralité du scrutin, mais de sa sincérité et donc de l'adéquation entre, d'une part, le respect par la CENI des règles d'organisation des élections et le déroulement de chaque opération du cycle électoral, et, d'autre part, entre le résultat proclamé et la volonté majoritaire, librement exprimée les électeurs.

C'est la raison pour laquelle l'écart de voix joue souvent un rôle décisif dans ce type de contentieux.

II. La fraude électorale

La fraude est soit l'acte de mauvaise foi, soit l'acte accompli contrairement à loi, dans le but de tromper ou de se soustraire à ses obligations.

Lorsque les manœuvres frauduleuses sont faites massivement, l'atteinte à la sincérité du scrutin est présumée.

Le constat de la fraude va de pair avec l'identification de l'auteur de la fraude. Si l'on peut déterminer à qui profite la fraude, il est extrêmement difficile d'en identifier avec certitude l'auteur, ce qui n'est pas sans conséquence sur les pouvoirs du juge électoral.

Ce dernier a le choix entre l'annulation pure et simple du scrutin ou sa réformation c'est-à-dire la proclamation de l'élection du candidat initialement déclaré battu. Ce pouvoir est exercé de manière très rare.

La difficulté à laquelle le juge électoral se trouve confronté est de taille majeure, car la décision de réformation transforme la juridiction en bureau de recensement, dans ce cas, elle doit pouvoir donner un résultat précis, en termes de voix, avant de proclamer le nouvel élu.

En général, l'exercice est impossible, pour la raison évidente que quantifier, à l'unité près, l'impact réel de la fraude est irréalisable, surtout quand on connaît le délai légal imparti.

C'est à regret que le juge doit s'astreindre à prononcer purement et simplement l'annulation, ouvrant alors la perspective de nouvelles élections. Tous les candidats, y compris l'auteur ou le bénéficiaire de la fraude, conservent le droit de s'y présenter.

Le constat de la fraude comporte, en raison de cette conséquence, l'injustice de la sanction d'inéligibilité qui, tout en frappant l'auteur ou l'instigateur de la fraude, ne peut être prononcée que par le juge pénal qui n'intervient que très tard, après l'élection et voire, parfois, après l'expiration du mandat...

III. Transparence

La transparence du processus électoral est garantie par l'existence d'un code électoral qui en aménage le cadre juridique et d'une institution indépendante à laquelle la constitution a confié l'organisation et la supervision du cycle électoral : la Commission Électorale Nationale Indépendante (CENI).

Le choix de cette institution et les attributions qui lui sont dévolues se justifient par le fait que l'intégrité d'une élection dépend du comportement éthique de l'autorité électorale, des candidats, des partis et de tous les participants au processus.

Le comportement éthique suppose que tous les participants au cycle électoral se conduisent de manière à servir loyalement un processus libre et équitable et à décourager toute attitude qui remettrait en cause l'intégrité des opérations.

Le comportement éthique de l'autorité électorale englobe l'indépendance organique, la neutralité, l'impartialité, la probité de ses membres à l'égard des deniers électoraux et de la loi.

Ce cadre juridique et institutionnel, construit par la constitution et les lois organiques, est destiné à sauvegarder le secret du vote, condition ''*sine qua non*'' de la sincérité du scrutin, par un ensemble de dispositifs électoraux comprenant l'installation dans chaque circonscription des bureaux de vote contenant un ou plusieurs isoloirs, une urne de scrutin, des enveloppes de scrutin, des bulletins de vote, des enveloppes dites de ''100'', par la limitation du vote par procuration et l'exclusion du vote par correspondance.

La fiabilité des résultats électoraux est garantie, d'une part, par la transformation immédiate du bureau de vote en bureau de dépouillement, et d'autre part, par l'affichage des résultats dans chaque bureau de vote après dépouillement.

Cette garantie juridique et institutionnelle de transparence est renforcée par la présence des observateurs nationaux et internationaux ainsi que par celle des témoins des candidats, des partis politiques ou des regroupements politiques aux opérations électorales dont ils constatent le déroulement, les différentes irrégularités qui peuvent les entacher, ainsi que les insuffisances qui peuvent les affecter.

Un dispositif important ne figure pas dans le code alors que son absence lors du dépouillement ou du recensement de vote pourrait entraîner purement et simplement l'invalidité du scrutin. En effet, la salle de dépouillement et celle de recensement des votes ne doivent jamais plonger dans l'obscurité, à aucun moment jusqu'à l'affichage des résultats. La source de la lumière pour éclairer la salle est omise par le législateur, si bien que la CENI distribue des torches qui dardent un faisceau lumineux uni directionnel à faible diamètre.

La meilleure pratique consiste à prévoir au moins deux lampes tempête par bureau de vote, la première allumée dès les dernières lueurs du soleil couchant.

Évidemment le pétrole lampant doit être fourni en quantité suffisante pour remplir les lampes et conserver une réserve, puisque les opérations peuvent se poursuivre tard, très tard dans la nuit et les coupures de courant doivent être envisagées et prévenues de la même manière, sans attendre qu'il y ait obscurité pour allumer la lampe.

IV. Le professionnalisme et la rigueur

Du moment que les problèmes d'intégrité des opérations électorale peuvent résulter d'un comportement humain découlant de l'ignorance, de l'insuffisance professionnelle ou d'une erreur de bonne foi, il est indispensable que la gestion des élections soit professionnelle et rigoureuse, c'est-à-dire obéir à la loi, à l'éthique et la déontologie

L'histoire récente des élections en Afrique montre qu'une négligence ou des inexactitudes dans le décompte des voix peuvent soulever des questions d'intégrité, compromettre la validité des résultats, subséquemment entraîner des troubles graves, parfois durables.

Les mesures visant à limiter les excès et détournements de pouvoir et à assurer la régularité du déroulement des opérations et l'acceptation des résultats peuvent également permettre de repérer et réparer à temps les erreurs.

Le défaut de précision d'un cadre juridique et institutionnel ou la description ambivalente des mécanismes régissant sa mise en œuvre ou son exécution peuvent involontairement causer de nombreux problèmes, voire encourager les pratiques déloyales ou frauduleuses. Par exemple, le personnel et les responsables électoraux n'osent parfois pas appliquer avec rigueur les principes fondamentaux du droit électoral, en raison de l'existence de dispositions légales engageant leur propre responsabilité en cas d'atteintes au droit de vote.

Le cas s'est produit, notamment, lors de l'élection présidentielle du 11 octobre 2015, au cours de laquelle, contrairement aux dispositions pertinentes susmentionnées du code électoral, le Président de la CENI a annoncé, par communiqué radiodiffusé, que le vote pouvait s'effectuer avec des bulletins sans enveloppes, alors que l'article 81 pose la règle impérative de l'inséparabilité de l'enveloppe de scrutin et du bulletin de vote, sous peine de nullité du scrutin.

Également, la campagne électorale s'est déroulée dans des conditions d'inégalité de traitement des candidats. Les affichages de portraits, logos, slogans n'ont pas été réglementés conformément à l'article 46 du code électoral, les responsables communaux ignorant leur prérogative en la matière.

V. La surveillance et l'application de la loi

Pour obliger la CENI et les participants aux élections à l'exécution correcte de leurs obligations respectives, la constitution et le code électoral ont confié à la Cour Constitutionnelle la surveillance de la régularité du cycle électoral et l'application des lois électorales.

L'application constante des lois est une priorité importante pour prévenir et sanctionner toute dépravation du processus électoral et entretenir la confiance des électeurs dans le système électoral.

Les pays démocratiques adoptent également des règles de transparence afin de protéger l'intégrité électorale. Grâce à la transparence, les structures institutionnelles et les mesures ou décisions qu'elles prennent sont largement accessibles et mieux comprises. Il est difficile de maintenir ou de justifier publiquement un système qui autorise les abus et la corruption.

La transparence permet également de comprendre les opérations, les difficultés rencontrées et les raisons pour lesquelles les autorités électorales prennent leurs décisions.

De fait, la transparence renforce la crédibilité du processus électoral et la légitimité des résultats. Si le processus électoral est libre, équitable, exact, transparent et dûment contrôlé, et si les lois et règlements sont appliqués comme il se doit, il devient plus difficile pour les participants et les électeurs de refuser les résultats d'un scrutin ou la légitimité des nouveaux élus.

VI. Sécurité

Il est impossible de garantir la liberté, l'intégrité et l'équité des élections sans la sécurité des emplacements de vote et celle des électeurs le jour du vote. Il est essentiel, dans un système de démocratie représentative et participative de permettre que le vote se déroule sans perturbation, fraude, intimidation ou menaces à la vie. La sécurité électorale concerne tous les aspects du déroulement du processus électoral et vise trois objectifs majeurs :

1. la sécurité physique des édifices et du matériel de vote ; 2. la sécurité personnelle des électeurs, des candidats, des délégués de la Cour Constitutionnelle, des représentants des partis et ceux de la CENI et des observateurs internationaux comme nationaux ;

3. la sécurité des données, des informations, des ordinateurs, des logiciels et des systèmes de communication électoraux.

Plus spécifiquement, les mesures de sécurité visent à protéger :

- les électeurs qui viennent s'inscrire pour voter ;
- les préposés à l'inscription, leurs instruments et lieux de travail ;
- les membres des démembrements de la CENI et leurs
matériels et lieux de travail ;
- la production, le transport et l'utilisation du matériel et de l'équipement devant servir à l'élection et surtout du matériel de vote ;
- les édifices qui servent à la production et à
l'entreposage du matériel et de l'équipement électoral ;
- les électeurs en attente ;
- les représentants des partis, les candidats et leurs partisans ;
- les édifices où se déroulent les activités organisées par les partis et les candidats ;
- les données électorales et les manuels ou systèmes informatisés qui les contiennent ;
- les systèmes de communication vocale ou écrite utilisés pour l'élection ;
- le dépouillement et la détermination des résultats et le transport des PV et documents électoraux.

Assurer la sécurité peut s'avérer très compliqué, très dispendieux. L'efficacité des opérations électorales demande que les budgets reflètent toutes les dépenses.et que ces frais cachés soient clairement indiqués dans les systèmes de gestion financière.

À titre préventif, le code électoral prévoit toute une série de dispositions très précises destinées à éviter la fraude aussi bien pendant le déroulement des opérations de vote que pendant le dépouillement, période particulièrement sensible.

À titre répressif, outre les éventuelles sanctions pénales déjà évoquées, la fraude est génératrice de l'annulation du scrutin.

Toutefois, l'effet " *radical* " de la fraude doit être relativisé par la notion *d'influence déterminante* et la délicate question de l'*identification du fraudeur.*

La théorie de l'*influence déterminante* est au contentieux électoral ce que celle des *formalités substantielles* est au contentieux de la légalité.

En cas de fraude, le scrutin n'est annulé que si celle-ci a eu une influence sur le résultat, le juge électoral, n'étant pas juge de la moralité du scrutin, mais de sa sincérité et donc de l'adéquation entre le résultat proclamé et la volonté majoritaire librement exprimée des électeurs.

C'est la raison pour laquelle l'écart de voix joue un rôle décisif dans ce type de contentieux.

Table des matières

Structures éditoriales du groupe L'Harmattan

L'Harmattan Italie
Via degli Artisti, 15
10124 Torino
harmattan.italia@gmail.com

L'Harmattan Hongrie
Kossuth l. u. 14-16.
1053 Budapest
harmattan@harmattan.hu

L'Harmattan Sénégal
10 VDN en face Mermoz
BP 45034 Dakar-Fann
senharmattan@gmail.com

L'Harmattan Cameroun
TSINGA/FECAFOOT
BP 11486 Yaoundé
inkoukam@gmail.com

L'Harmattan Burkina Faso
Achille Somé – tengnule@hotmail.fr

L'Harmattan Guinée
Almamya, rue KA 028 OKB Agency
BP 3470 Conakry
harmattanguinee@yahoo.fr

L'Harmattan RDC
185, avenue Nyangwe
Commune de Lingwala – Kinshasa
matangilamusadila@yahoo.fr

L'Harmattan Congo
67, boulevard Denis-Sassou-N'Guesso
BP 2874 Brazzaville
harmattan.congo@yahoo.fr

L'Harmattan Mali
ACI 2000 - Immeuble Mgr Jean Marie Cisse
Bureau 10
BP 145 Bamako-Mali
mali@harmattan.fr

L'Harmattan Togo
Djidjole – Lomé
Maison Amela
face EPP BATOME
ddamela@aol.com

L'Harmattan Côte d'Ivoire
Résidence Karl – Cité des Arts
Abidjan-Cocody
03 BP 1588 Abidjan
espace_harmattan.ci@hotmail.fr

Nos librairies en France

Librairie internationale
16, rue des Écoles
75005 Paris
librairie.internationale@harmattan.fr
01 40 46 79 11
www.librairieharmattan.com

Librairie des savoirs
21, rue des Écoles
75005 Paris
librairie.sh@harmattan.fr
01 46 34 13 71
www.librairieharmattansh.com

Librairie Le Lucernaire
53, rue Notre-Dame-des-Champs
75006 Paris
librairie@lucernaire.fr
01 42 22 67 13

www.ingramcontent.com/pod-product-compliance
Lightning Source LLC
LaVergne TN
LVHW010940051026
849532LV00003B/1062